なぜ地方女子は東大を目指さないのか

江森百花　川崎莉音

光文社新書

はじめに

江森百花
川崎莉音

プロジェクトのはじまり

本書を手に取ってくださり、ありがとうございます。私たちは、地方女子学生の進学の選択肢を広げることを目指して、特定非営利活動法人#YourChoiceProject（以後#ＹＣＰ）という団体を立ち上げて活動しています。大学受験時の進路選択において、地方で暮らす女子が抱える大きなジェンダーギャップ（男女間格差）を解消しようという取り組みです。

私たちがこのプロジェクトを始めるきっかけになった一つのデータを紹介したいと思いま

図表0-1　中京圏のある高校の進学実績の一部（2018〜2019年）

	東京大学		京都大学		地元国立大学	
	男子	女子	男子	女子	男子	女子
現役	11	0	17	3	50	57
浪人	5	2	15	3	30	5
計	16	2	32	6	80	62

出典：東京大学「ジェンダー論」講義（瀬地山角先生）より

す。中京圏のある高校の、2年分の男女別進学実績のデータです（図表0―1）。

全体の進学実績をみると名門高校であることがうかがえますが、東京大学と京都大学への合格者は男子に大きく偏っています。また、「浪人」の欄に注目すると、こちらも明らかに女子学生の数が少なすぎるのです。「現役」の地元国立大学への進学者数のみ、女子がやや上回っています。

私たちがこのデータを初めて目にしたのは、2021年6月のこと。多くの受講生でにぎわう「ジェンダー論」の講義でした。授業後、同じ寮に住む私たちは夕食を共にしながら、その日見聞きしたことについて盛り上がっていました。

高校の同級生を見渡しても、女子が浪人をしない風潮は確かにあったということを出発点に話は弾み、そのうち、大学に入ってから出会った首都圏出身の女子学生と自分たち地方出身の女子学生の間にも、様々な「あたりまえ」の違いがあることに気がついたのです。中学受験はみんながするもので、中学に入ってからも塾に通い、受験の情報は学校や先輩がくれる。様々な職業で活躍している大人が周りにいて、いわゆる大手企業で働くことがどんな様子か、イメージがついている。

「東大を目指すことがあたりまえ」で、その先のいわゆる「エリートコース」まで明確に意識している彼女たちと、まずは地元旧帝大を考える私たち。そこには、歴然とした意識の違いがありました。

そうして私たちは、この違いの原因を突き止めることが、根本から問題を解決するために必要だと考え、動き始めました。

「あたりまえ」の違いをわかってもらうには

さて、プロジェクトを立ち上げたは良いものの、私たちは大きな壁にぶつかりました。大学受験において地方で暮らす女子学生には大きな障壁があるという課題意識そのものに、当事者以外の人から理解を得ることがとても難しかったのです。

「その考えって、全体的にかなりドグマティック（独善的）じゃない？」

これは実際に、都内中高一貫男子校出身である東京大学の同級生からかけられた言葉の一つです。私たちは地方女子学生個人の体験談を過度に一般化しているだけで、本当はそんな課題は存在しないのではないか、というのです。彼は、地方女子学生の不利な状況を強調されることで、まるで自分のこれまでの努力が否定されたように感じたのかもしれません。その口ぶりはかなり攻撃的でした。

首都圏出身の男子学生からは今までこのような反応を複数受け取ってきました。伝え方が攻撃的であるという部分を除けば、彼らがこのような疑問を抱くのはやむを得ません。東京大学の入学者のうち、およそ25％が東京大学に例年10名以上の合格者を出している首都圏中高一貫男子校の出身です。彼らにとって、中学受験をし、塾に通い、色々な人から情報をもらって、周囲と同じように東大を目指すことはあたりまえのことで、「自分なんかが東大を目指しているなんて言い出せない」と考える女子学生がいるとは、到底想像もつかないことでしょう。

そのような、地方女子学生とは全く境遇を異にする人たち、本書で取り上げるような問題とは縁遠い人たちに、議論のテーブルについてもらうために、私たちは問題意識をデータで示すことにしたのです。
「ドグマティック」だなんて、もう二度と言われないために。

この本の狙い——章立ての説明

この本は、2023年5月に私たちがホームページで発表した調査レポート「なぜ、地方の女子学生は東京大学を目指さないのか」に、インタビューや考察を加えて再構築したものです。

第1章では女性を取り巻く日本の現状について、私たちの問題意識を詳しく説明します。なぜ「大学進学におけるジェンダーギャップ」を深刻な課題として捉えているのか、そしてなぜ「地方女子学生」に注目したのかなど、課題意識の根本に迫る章です。続く第2章では、「地方女子学生が難関大学進学にメリットを感じていない」ことを、データに基づいて共有し、まず議論の前提としたいと思います。第3章から第5章では、地方女子が難関大学進学にメリットを感じない理由について、「資格重視」「自己評価」「安全志向」という、本人の価値観や意識などの内部要因の観点から分析します。第6章と第7章では、「保護者の期待」

「地元志向」という周囲の価値観や意識などの外部要因の観点について、様々なデータを紹介しながら深掘りしていきます。第8章では、課題解決に向けて、私たちが取り組んでいることや、政策として望ましい解決策などについて提案します。「おわりに」では、調査を踏まえて、地方女子学生を取り巻く環境を少しでも変えていくためにそれぞれの立場から何ができるのか、あらゆる人々に向けて、私たちからの提案を載せています。

調査レポートでは触れられなかった点や、データだけでは想像のつきにくい事例の紹介などを含めて、できるだけ包括的に、地方女子学生を取り巻く進学に関する問題点を説明することを心がけました。

この本をきっかけに、地方女子学生の進学傾向について、建設的な議論が行われることを心から期待しています。このような話題について声を上げることは、人によっては勇気を必要とするかもしれません。そうした、ちょっとした勇気が必要な時に、この本に詰まっているデータが皆さんに寄り添い、力強い味方となってくれることを祈ります。

「そんなこと、今どきないでしょ」と言う前に

地方の女子学生が自身の価値観や周囲の環境によって、難関大学を志望することがはばかられている現状に対し、「男女平等が叫ばれる今の世の中で、そんなはずはない」と思われる方もいるかもしれません。

そのような方のために、ここで一つクイズをご紹介します。


佐藤医師は、東京大学医学部附属病院に勤務する腕利きの外科医。仕事中は常に冷静沈着、大胆かつ細心で、国賓の執刀をするほど。佐藤医師が夜勤をしていたある日、救急外来からの電話が鳴った。交通事故のけが人を搬送するので受け入れてほしいという。父親が息子と一緒にドライブ中、道路から谷へ転落し、車は大破、父親は即死、子どもは重体だと救急隊員は告げた。20分後、重体の子どもが病院に運び込まれてきた。その顔を見て佐藤医師はアッと叫び、そのまま茫然自失となった。その子は佐藤医師の息子だったのだ。

さて、交通事故にあった父子と佐藤医師の関係は？

佐藤医師は離婚していて、「父親」というのは元の奥さんの再婚相手で、息子は純粋に佐藤医師の息子。というように考えを巡らせた方もいるかもしれません。あるいは、水平思考ゲーム「ウミガメのスープ」をよくやる人なら、「父親」はもしかすると「息子」の父ではない……？　などと考えたかもしれません。

しかし、それほど複雑に考えずとも、一つシンプルな回答があります。佐藤医師は女性で息子の母親、父親は夫であるというケースです。

この回答に真っ先に辿り着いた方はどれほどいたでしょうか。これは社会心理学の授業でも広く取り上げられるクイズで、そのたびにこの佐藤医師を男性だと決めつけてかかってしまう学生が半数以上いる印象です（実際には、外科医は「コロラド州立大学病院のドクター・スミス」として出題されるケースが多く、本書ではより想像しやすいように属性を変更して出題しています）。実は、私たちも最初にこのクイズを出題された時は、佐藤医師を男性だと無意識に推測していました。

佐藤医師が「外科医」であること、また佐藤医師の特徴として出された「腕利き」「大胆」「冷静沈着」などのいずれか、または全てが、女性よりも男性のイメージに近かったことで、

「佐藤医師が男性なのでは」という憶測を生み出したのです。このような、特定の社会集団に対する固定的なイメージや信念をステレオタイプといいます。その中でも、女性・男性を含む様々なジェンダーごとの社会集団に対するステレオタイプが、「ジェンダーステレオタイプ」です。さらにこのステレオタイプから派生した、「女性は男性よりも勉学に向いていない」「男性は女性よりも家事に向いていない」など、事実に基づかない思い込みを「偏見」または「バイアス」といいます。

さて、本題に戻りましょう。本書では地方女子学生の進学意識の傾向や、周囲の環境がどのように影響しているかを考察していきます。その過程で、そんなはずはない、そんな問題が未だに存在するわけがない、一昔前の話だ、と懐疑的になることもあるかもしれません。しかし、先ほどの問題を振り返ってみてください。佐藤医師が女性である可能性は考えに上ってきたでしょうか。それがはじめに思い当たらなかった時点で、あなたが差別的なジェンダーステレオタイプや、そこから派生するバイアスを抱えている可能性は大いにあるのです。程度の差はあれど、それは一昔前に「女性は、男性の三歩後ろを歩き、家を守ってさえいればいい」と言っていたのと根本的には変わりません。本書に登場する調査結果やインタビューは「本当にあった話」です。そんなものはないでしょ、と一蹴してしまう前に、自分が同様のステレオタイプやバイアスを抱えていないかを問い直し、それらを取り払った「曇りなき眼」でこの課題を考えてみてほしいと思います。

また、先ほどのクイズで、佐藤医師が女性であると思った方は、差別的なジェンダーステレオタイプやバイアスはあまり持たれていないのかもしれません。その上で、「女だから」などという時代錯誤な話はないと言うのであれば、あなたの周囲はまさに理想とすべき、根本からの男女平等が成り立っているのかもしれません。であればなおのこと、このような事実が未だに存在していることを、本書を通じて知ってほしいと思います。あなたの「あたりまえ」との乖離《かいり》がわかるはずです。

議論にあたって

私たちの調査レポートがニュース記事になった際、言葉の使い方から進路に関する考え方に至るまで様々なご意見をいただきました。ここでは、私たちの調査を皆さんにできる限り誤解なく届けられるよう、代表的なご意見とそれに対する私たちの認識・見解を提示したいと思います。

・「地方女子」は誰を指すのか――私たちの調査対象者について

本調査において、「地方」とは「一都三県（東京・神奈川・埼玉・千葉）以外」を意味します。教育格差の文脈では、地方という言葉に「田舎である」という意味合いが込められていることが多いですが、ここでは「東京の大学に実家から通えない」という意味での定義づけであることをご理解ください。私たちは「地方」という言葉に、一切の価値判断を込めていません。また、今回は周囲が認識している性別に基づくジェンダーギャップを取り扱っているため、本書の中では「女子学生」「男子学生」という言葉を用いていますが、トランスジェンダーやノンバイナリーなど様々な性自認のあり方を否定する意図は一切ありません。

・「偏差値の高い大学」が良い大学なのか

調査の中で、「偏差値の高い大学」という表現をたびたび使用しています。これに関して、「偏差値の高さで大学の価値が測れるのか」などの批判を多くいただきました。本調査では、調査対象者間で認識のズレが出ないよう、わかりやすい指標として「偏差値」という言葉を使用しましたが、そこに客観的な意味以上の価値判断は一切込めていないことをご理解いただければと思います。

・「地方創生」と逆行するのではないか

地方での活動において、特に指摘されるのが「地方の女子学生が首都圏の大学に行くことを後押しする取り組みは、地方からの人口流出を招くのではないか」というご意見です。地方からの人口流出は加速しており、懸念する気持ちはわかります。その上で、この意見に対する私たちの立場をお伝えしたいと思います。

第一に、「地方からの人口流出の課題」と、「ある属性が持つ選択肢の幅の狭さ」は、分けて考えるべき問題です。地方からの人口流出を防ぐために地方に住む利点の向上に努めることは、もちろん大切です。それと、ある属性の人々の選択肢の幅が狭められている現状を改善することは両立し得る論点で、対立関係にないと私たちは考えています。

また、仮に「地方学生が地元の大学に進学するトレンドを作るべきだ」という前提に立ったとしても、地元を離れられるか否かに男女差が生じている現状は肯定できません。

この点に関しては、第7章でも詳しく説明しているので、読んでいただけると幸いです。

・「個人の選択・嗜好」とマスの進学実績

実は、最も多く寄せられた批判が「東京大学を含む、難関大学に行くことがその人にとって良いかどうかは人それぞれだ」というものでした。それは全くもってその通りですし、私たちは、「誰だって行けるなら東京大学に行きたい／行った方が良いはずだ」などという傲慢な前提のもとに議論をしているわけでは全くありません。その人にとってどのような進路がベストかは、「個人の選択・志向」の問題です。それは人によって様々で、他者がその善し悪しを判断できるものではありません。

私たちは、そうした一個人の話ではなく、全体の傾向の話をしています。大学進学を選ぶ場合の価値観や意識に、性別や地域といった、生まれながらに決定される属性によって大きな差が出ているのであれば、それは個人の選択や志向が、属性によって狭められたり歪められたりしているということです。私たちが目指しているのは、その状況を改善し、全ての人が十分な選択肢の中から自分の進路を決められる社会を作ることです。個人の選択や志向は、そのような社会でこそ最大限に尊重されると考えています。

・進路選択上のジェンダーギャップ解消は女子だけのためではない

本書では、地方女子学生にどのような進学意識があるのか、ステレオタイプを含め、どのような障壁に阻まれているのかを考察しています。フォーカスされているのが女子なので、一見男子学生には全く利がない話に聞こえるかもしれません。

しかし、男子学生もまた、ステレオタイプや周囲からの影響を受けていると考えられます。詳細は後述しますが、女子学生が進学に期待を持たれないのと逆に、男子学生が進学に過度な期待を持たれている可能性があります。「優秀」「能力がある」「論理的な」というイメージが、「女性」「男性」といった特定のジェンダーと結びつけられなくなることは、男子学生が感じているかもしれない窮屈でプレッシャーのある進路選択の幅を広げることにもつながります。「また女子に利のある話ばかりして」と嫌厭せず、読んでいただければと思います。

私たちについて

このプロジェクトは、川崎と江森の2人で始めました。地方女子学生の進学という問題に強い関心を抱いたのには、それぞれ異なるきっかけがありました。そこで、簡単に自己紹介をしてから本編に入りたいと思います。

・川崎について

私は現在、東京大学法学部に在籍しています。主に法社会学などに関心があるのですが、それは本筋から外れてしまうので割愛します。

今思えば、かなり特殊な環境で育ちました。私のバックグラウンドは、この本で取り上げる「地方女子学生」とは少し離れているので、そんな私がどうしてこの問題に取り組むことになったのかを振り返ってみようと思います。

兵庫県の出身で、小学校受験をして地元の女子校に入学し、高校までを同じ学院で過ごしました。学校では、本当に多くの大切なことを学びました。特に、12年間の奉仕活動を通して様々な社会問題があること、私たちはその解決のために働くべきであることを繰り返し教えられた経験は、確実に今の私を形作っている、かけがえのない財産です。

テストの順位が発表されたことはなく、「成績が良い」ことを絶対視して競い合うような雰囲気が全くない学校で、私はそれをとても良いと思っていたし、そのおかげで今ののびのびと活動できているといっても過言ではありません。同級生の多くが地元に残り、志望校のために浪人した人は5人もいなかったけれど、それは個々人が過度にプレッシャーを受けることなく、自分の選択を尊重できた結果だと思っていました。小学校受験の段階で、その学校の卒業生の進学先は見えていますし、保護者の方はそのような「学校の雰囲気」を期待して入学させているのでしょう。他校と比べても、穏やかでのんびりとした子が集まる学校だ、と言われていました。

違和感を抱いたのは、そんな同級生たちの兄や弟の多くがかなりの進学校に在籍し、エリートコースを歩んでいることを知った時です。同じ家庭環境、同じ出身地域を共有する男女のきょうだいの間で、なぜこんなにも本人や保護者の進学意識に違いが生じているのか？　彼女たちには、「女の子だから」された期待・されなかった期待があったのではないでしょうか？　振り返ると、確かに「志望校にこだわる」プレッシャーは受けていなかったけれど、「浪人する」ことがとても恥ずかしいことのような空気は存在していました。私が東京の大学に進学することについて、親は心配しないのか、と聞かれたこともありました。

そういう、ただもやもやとした思いを抱えて大学に入学しました。冒頭で話したジェンダー論の講義を受けた時、もやもやに対する答えはきっとこの先にあるのだ、と胸が高鳴ったのを覚えています。

かつての私のような人たちへ、この本を届けられたらと思っています。この本のどこかに、あなたのもやもやを生み出したり、解決したりするきっかけがあれば嬉しいです。

・江森について

私は生まれも育ちも静岡県静岡市で、静岡県立静岡高等学校を卒業しました。静岡高校は地元では名の通った「進学校」で、例年東大合格者も現役・浪人合わせて10名ほどといった人数です。入学時点では、静岡のいわゆるトップ層として、学力に自負のある人たちが集まっているといえるでしょう。それでも、最終的な東大志望者となると、私の代では男子学生が12名に対して女子は半分以下の5名でした。当時は「少ないな」「(女子の)皆、志望校控えめだな」とは思いつつ、さして問題と感じることはありませんでした。ただ、周囲の女子学生は志望校を公開すること、ひいては高めの志望校設定をしていると知られることに対して強い抵抗を感じていたように思います。対する私は頑なに東大を目指し、浪人までして、地元では相当イレギュラーな存在でした。

こういった現状が「問題」であると感じたのは、大学に入り首都圏の進学校出身の女子学生たちと話をしてからです。彼女らは学年から何十名もの東大合格者を輩出する高校の出身でしたが、自身を含め、男女問わず周囲の学生は終始「猫も杓子もとりあえず東大」のマインドでいた、と言います。高校3年生の秋の模試がどんなに悪くても、浪人しても良いのだし、とりあえず東大を目指して勉強しようと考えている女子学生があたりまえにいたそうです。その地元とのギャップに唖然としたのはいうまでもありません。続けざまに感じたのは、ひたすらに「もったいない」という気持ちです。私の周囲にも、東大に入れるポテンシャルを持つ女子学生はたくさんいました。しかし、果たしてその子たちの選択肢に「東大」は入っていたでしょうか。自分の可能性を信じ、東大を含めた全ての選択肢のうちから十分な検討がなされた上で、自分の志望校を設定していたでしょうか。

前述した通り、東京大学や京都大学など、いわゆる日本の「最難関大学」と言われる大学に行くことが全てではないし、ゴールでもなく、絶対的に良いとされることでもありません。ご家庭の事情もあるでしょう。しかし、ただ「自分が女であった」「生まれ育った場所が地方であった」というだけの、たったそれだけの理由で、東大を目指すことがはばかられたとしたら。将来の選択肢が狭められてしまったとしたら。あまりにも、もったいない。地方の女子学生をはじめ、「全ての人が生まれついた地域・ジェンダーにかかわらず自由な選択ができる社会」が実現されたその先に、真の男女共同参画があると私は考えています。

申し遅れましたが、私は現在、東京大学文学部社会心理学専修というところに所属しており、主に集団の意思決定や同調圧力などをテーマに社会調査の質問紙の作り方、簡単な統計手法などを学んでいます。今回の調査事業も、至らないながら事業責任者として主導させていただきました。今まで統計的に示されてはこなかったが、私を含め、皆さんがぼんやりと感じていたことを事実として提供できたと自負しています。ぜひ、「自分ごと」として、最後まで読んでいただけたら幸いです。

調査概要
対象：「偏差値が67以上であること」「東大合格者が例年5名以上であること」などを目安に、全国から選定した97校のうち、回答にご協力いただいた27校に在籍する高校2年生の男女３８１６名
調査期間：２０２３年２月７日～４月15日
有効回答数：３７１６件（地方女子：１３１０名、地方男子：１６６６名、首都圏女子：５４２名、首都圏男子１９７名）
なお、本調査の統計は有意水準を5％に設定しています。

#YourChoiceProject
なぜ地方女子は東大を目指さないのか

目次

第2章 なぜ地方女子は難関大学を志望しないのか

第3章

原因の探究　①資格重視傾向

第6章

保護者からの期待のジェンダーギャップ 147

第1章

課題の背景

１４６カ国中１１８位のジェンダーギャップ

毎年、世界経済フォーラムから「ジェンダーギャップ指数」が公表されると、日本の順位の低さが話題になります。２０２４年度、日本の順位は１４６カ国中１１８位とＯＥＣＤ最下位で、スコア自体は10年以上横ばいです。

日本が特に後れているとされるのが、政治と経済の２分野です。国会議員（衆議院議員）の女性比率は９・７％で１割に満たず、企業の女性管理職の割合は13・２％と、諸外国の概ね30％という水準に大きく後れをとっています（「令和４年版男女共同参画白書」）。

これにより、日本の経済利益は大きく損なわれているといってもよいでしょう。

企業で女性が活躍すると、収益性の向上等経済的にポジティブな効果があるということは様々な研究で指摘されている通りです。代表的なものを紹介すると、「上場企業における女性活用状況と企業業績との関係」というレポート[1]では、特に中堅企業や中途採用の多い企業、あるいは新卒女性の定着率が高い企業では、管理職女性比率が利益率にプラスの影響を与えることが示されています。

また、生産性を引き上げるためには、女性の労働参加を促すだけでは不十分であり、管理職等の意思決定に関わる職位に女性を増やす必要があるということも指摘されています。[2] 管理職を含む女性の労働参加促進によって、日本のＧＤＰは15～20％も向上する余地があると言われていることを考えると、企業における女性活躍は日本にとって必要不可欠で、今すぐに向き合わねばならない問題です。

なぜ日本のジェンダーギャップは解消されないのか

それだけ、政治や経済分野での女性活躍が待望されているにもかかわらず、なぜ状況は改善しないのでしょうか？

従来の議論では、「昇進」の段階での問題点、つまり就業後に女性が離職してしまうことや出世を望まないことなどが注目されていました。実際、今でも半数近くの女性は出産や育児を機に退職しています（「第16回出生動向基本調査」）。課長以上への昇進を希望する人の割合は、男性に比べて女性は著しく低いことも指摘されています。平成25年（２０１３年）版男女共同参画白書によると、昇進を望まない理由について、男性の場合は責任の重さや自分の能力不足への心配などの理由が多いのに比べて、女性の場合は仕事と家庭の両立の難しさを心配している面や、身近にロールモデルがいないといった側面が強いそうです。「昇進」の課題が非常に根深く、経済分野の男女差を拡大していることは間違いありません。

しかし、そもそも採用時点での男女差も、思いのほか大きいのです。「令和元年度雇用均等基本調査」によると、総合職における女性比率は20・1％とかなり低く、有名企業に絞って見てみても3割程度にとどまっている会社が多いことがわかります。２０２１年には、大手総合商社の丸紅が「２０２４年までに総合職新卒採用の４～5割を女性にする」という明確な目標数値を打ち出し、様々な反響を呼びました。

この「採用」段階での男女差を縮めるためには、より多くの女子学生に総合職に応募してもらう必要がありますが、難関大学の学生を多く採用する企業からすると、人材の供給源である大学での男女比が偏っているのであれば、採用結果も偏ってしまうことは当然の帰結といえます。

この、供給源における男女比の影響は、政治の分野で見るとより深刻です。出身大学別国会議員の数は東京大学が1位で[3]、女性議員だけに絞っても東京大学が１位。東京大学出身以外の議員を増やす必要もありますが、東京大学の男女比が８：２のままでは女性議員が増えないことは容易に想像できます。

つまり、政治・経済分野でのジェンダーギャップを解消するためには、その根本である「教育」分野でのギャップを解消しなければなりません。実は、冒頭に紹介したジェンダーギャップ指数を教育分野について見てみると、146カ国中72位と、比較的問題はないように見えます。確かに、初等教育・中等教育に関しては義務教育の充実などの影響で男女差はかなり小さいと言えますが、今回話題としている大学を含む高等教育についてのみ注目すると、日本の順位は107位と、かなり深刻なギャップを抱えているといえます。諸外国のほとんどでは2000年頃から女性の方が進学率が高くなっているのに対し、日本における高等教育在学率（※）は、2019年度で女性が60・9%、男性が65・7%と男性の方が高いのは極めて異例な傾向です（**図表1−1**）。

続いて、そのような日本の教育分野のジェンダーギャップの現状について、特に難関大学に絞って詳しく見ていきます。

（※）国際比較で使われる「高等教育在学率」は、18歳から22歳の人口を分母にして、高等教育機関の在学者数を分子にする計算方法です。日本においてよく使われる「大学進学率」では、男女の差はより小さく見えますが、「大学進学率」は18歳人口を分母に大学と短期大学の進学者の合計を分子にして計算しており、短期大学の進学者数の多さが女子学生の割合を押し上げていることに注意が必要です。

難関大学の女子比率は高くても3割

難関大学の女子比率がどれくらいか、ご存知でしょうか？　学部生に占める女性の割合は、東京大学で20・1％、京都大学は21・9％[4]で、理系のみの東京工業大学（2024年10月より東京科学大学）に至っては13％とかなり低い数字が並びます。旧帝国大学に広げてみると、名古屋大学の学部生に占める女子比率は30・5％と、やっと3割に届きます。3割でも十分低いとはいえ、最難関である東大・京大でより一段階低くなるのは、なんとも悲しい現状です。

この難関大の女子比率の低さは、自然なことなのでしょうか。「難関大学の女子比率が低い」という話をする時、真っ先に寄せられるのが「公平な筆記試験を課しているのだから、この女子比率は妥当な結果。女性の方が能力が低いからだ」という意見です。そうではない

図表1-1　高等教育在学率の国際比較

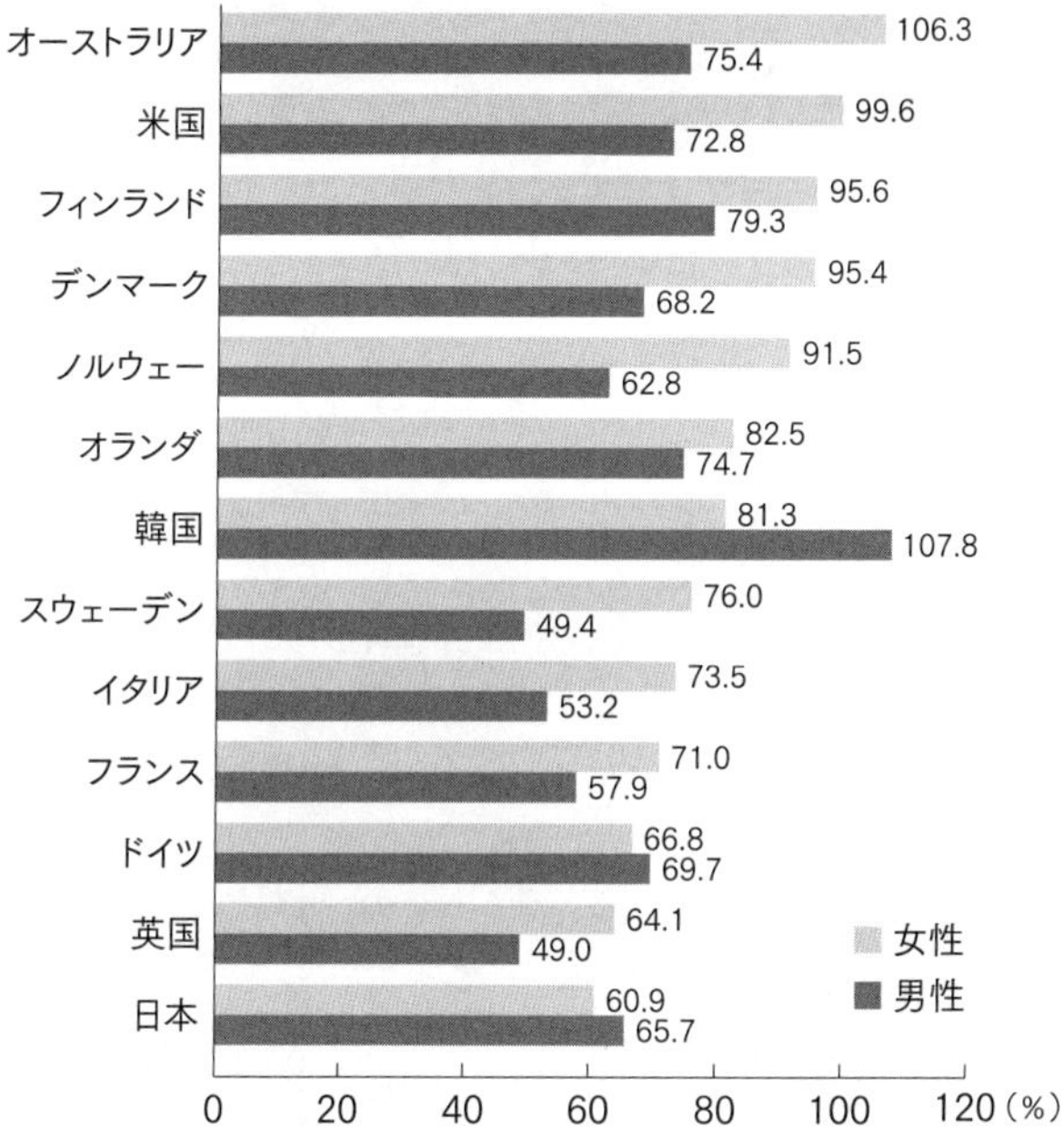

備考：1. UNESCO Institute for Statisticsウェブサイトより作成。
2. 2014（平成26）年時点の値。ただし、米国、フィンランド、ノルウェー、ドイツは2015（平成27）年、韓国は2013（平成25）年、オランダは2012（平成24）年の値。
3. 高等教育在学率（Gross enrolment ratio, tertiary）は、「高等教育機関（Tertiary Education, ISCED5及び6）の在学者数（全年齢）」／「中等教育に続く5歳上までの人口」×100で算出しているため、100％を超える場合がある。

出典：平成29年版 男女共同参画白書

ということを、ここで改めて説明したいと思います。

このような日本の難関大における女子比率は、国際的に見て著しく低い数字です。ハーバード大学やオックスフォード大学、スタンフォード大学など世界の名門大学の女子比率はのきなみ50%程度ですし、理系のみのマサチューセッツ工科大学でさえ44%（２０２２〜２０２３年の学部生）です。アジアでも、シンガポール国立大学が51%、同じ東アジア文化圏の北京大学やソウル大学ですら48%や41%[5]と、日本の20%程度という数字が異常であることがわかります。２０１９年にはニューヨーク・タイムズ紙が、東大の女子比率の低さを厳しく批判する記事[6]を出したほどです。

海外の学生に東大の女子比率が20%程度だと言うと、本当に驚かれます。冗談かと疑われるくらいです。それほど、彼ら彼女らにとっては不可思議な現象なのでしょう。

ＯＥＣＤの報告書では、毎年のように、「生まれつきの能力に性差はない」ことが記載されています。実際、ＰＩＳＡ（ＯＥＣＤ生徒の学習到達度調査）という学力調査でも、15歳児は女子の方が男子よりも学力が高い傾向にあります。

それではなぜ、日本ではこれほど異様な事態になっているのでしょうか。私たちは、その原因が「構造的差別」にあると考えています。

「構造的差別」とは

２０１９年、家族社会学やジェンダー論の研究者として知られる上野千鶴子先生による、女子比率の低さや東大学内で起こる性差別について言及した、東京大学の入学式の祝辞が大きな話題になりました。

がんばったら報われるとあなたがたが思えることそのものが、あなたがたの努力の成果ではなく、環境のおかげだったこと忘れないようにしてください。あなたたちが今日「がんばったら報われる」と思えるのは、これまであなたたちの周囲の環境が、あなたたちを励まし、背を押し、手を持ってひきあげ、やりとげたことを評価してほめてくれたからこそです。世の中には、がんばっても報われないひと、がんばろうにもがんばれないひと、がんばりすぎて心と体をこわしたひと…たちがいます。がんばる前から、「しょせんおまえなんか」「どうせわたしなんて」とがんばる意欲をくじかれるひとたちもいます。（祝辞より引用）

特定の属性の人が、等しい機会を得られずに排除され、あるいは人一倍の努力をせざるをえない状況を「構造的差別」と言います（令和6年度藤井総長祝辞より）。上野先生の祝辞は、「構造的差別」を非常にわかりやすく表現しています。もし、あなたが今まで「能力があれば評価されて当然だ」と考えてきたのであれば、そこから意識を改める必要があります。ジェンダーの話に限らず、地域格差、経済格差などにより、能力を適切に発揮できない環境にある人々がいることを認識しなければなりません。

東京大学新聞は、上野先生の祝辞に対する反応についてアンケート調査を行っていますが、この祝辞を評価した人の割合は、東大生よりも東大生以外で高かったそうです。性別ごとに東大生と東大生以外を比較しても、女性では東大生82・2％、東大生以外95・0％、男性では東大生53・1％、東大生以外70・9％と、いずれの場合も東大生以外が上回っています。

さらに、東京大学前期教養学部で開講されている授業「ジェンダー論」の受講生約400名に対し、「東京大学の女子比率の低さについてどう思うか」を尋ねるアンケートを取ったところ、そこに構造的差別があるということを認識している学生は半数もいませんでした。それどころか、当事者であるはずの女子学生から「環境の差があるからといって、その程度で諦めるのはどうかと思う」という意見まで寄せられました。

このような東大学内での反発の強さや無関心さは、まさに東大生の無知と無責任さを表しています。多くの東大生は経済的な面や文化資本へのアクセス面において、恵まれている立場にあるといわざるを得ません。本来であればこの構造的差別を解消する力と責任を持つ東大生が、それに気づいていない、あるいは見て見ぬふりをしているという状況は、非常に憂慮すべきです。

難関大学の女子比率の不自然さ、その背景にある構造的差別に気づいていないのは、東京大学の学生だけではありません。東京大学内には#ＹＣＰだけでなく、こういった構造的差別の解決に向けて取り組む団体が複数存在します。一方で、その他の難関国立大学である、京都大学、東京工業大学、一橋大学も、前述のように女子比率の低さが問題となっていますが、それに取り組もうとする団体は一つも存在しません。当事者ですら、問題と感じていない、問題と感じていても動こうとする学生は滅多にいないのです。ぜひ、本書を通じ、そういった学生の「問題はない」という認識だけでも変えられたら嬉しいです。そして、ゆくゆくは女子比率に課題を抱える各大学で、学生、卒業生による取り組みが生まれることを願います。

難関大学の男女比を改善する意義

難関大学の女子比率の低さが、構造的差別の結果生まれているものであることは先に述べた通りです。構造的差別を是正し、その結果、難関大の女子比率が改善されることを目指すべきであるのはもちろんですが、女子比率の改善は学内環境にとっても大きな意義があります。「大学が、学生にとって社会に出る前に認識のすり合わせを行う最後の砦として機能するようになる」という点です。

「三島由紀夫は男の方が女よりも知性において優っていると言っていたので男女比８：２は順当」[7]

これは、上野先生の祝辞に対する感想として、ある男子東大生が述べた言葉です。このような古い誤った考えを未だに信じ、日本の難関大における男女比の偏りを当然なものであると主張する学生がいることは驚きですが、実は、東京大学においてこのような意見を持つ学生はあながち少数ともいえません。

２０２０年度「東京大学におけるダイバーシティに関する意識と実態調査」によると、

「能力・適性に男女差はある」という設問に対し、男子学生の74％が肯定の意を示しました。74％の男子学生がどのような考えで肯定をしたかはわかりませんが、巷では「男性と女性では脳の構造が異なるために、趣味嗜好や能力に違いが生じる」という言説が広く共有されており、それを信じている人も一定数いるようです。最新の研究では、脳は性差よりも個人差の方がはるかに大きいことが指摘されています。[8] 実際には「男性脳」「女性脳」などというものはなく、それによって能力に男女差が生じているわけもありません。

しかし、社会を率いるリーダー層の中にも、このような「男女で能力に差がある」といった差別的なジェンダーステレオタイプやバイアスを持っている方が多くいます。

２０１５年、当時の鹿児島県知事が「高校教育で女の子にサイン、コサイン、タンジェントを教えて何になるのか」「社会の現象とか植物の花や草の名前を教えた方がいい」と発言しました。２０２１年、東京オリンピック・パラリンピック組織委員会の森喜朗会長が「女性がたくさん入っている理事会の会議は時間がかかる」等の性差別的発言をして辞任に追い込まれたことは、皆さんの記憶に新しいかもしれません。

高齢の方々ばかりではありません。先日、ある東大ＯＢが自分の学生時代に「東大女子お断りサークル」を立ち上げたことを武勇伝のように語っていました。東大の男子学生と他大学の女子学生のみによって構成され、東大の女子学生は入会できない「東大女子お断りサークル」が差別的仕組みであることは、東大の学生の間では周知の事実です。にもかかわらず、一切の反省なく平然と話せてしまう意識の低さ、問題性にも気がつくことのできない無知には本当に驚くばかりです。

社会を率いるリーダー層がこのような意識を持っているのでは、社会全体でジェンダーギャップの解消に取り組もうとする気運が生まれるはずもありません。

そして、先ほども触れたように、将来リーダー層になっていく現役の学生たちでさえ、ずれた認識を持っています。２０２４年春学期に私たちが登壇した際に集めたジェンダー論の授業コメントでは、「理系に関しては男女で興味の差があるので男女比１：１を目指すのはおかしい」「女子比率を上げることで学術的研究に悪影響を及ぼす」といった意見が寄せられました。

東京大学には男子校出身者が非常に多く在籍していますが、男子校では男女平等について学ぶ機会が、女子校や共学校と比較して少ないそうです。[9] 本来であれば、そういった環境から「共学」の大学に進学することで、優秀な女子学生の存在を知り、関わることを通じて、そのような差別的ステレオタイプやバイアスは解消されていくはずです。しかし、今の東大の女子比率のままでは、男子校から男子校に進学しているのとあまり変わらず、そういった学生の意識改善は見込めません。

社会全体として何十年も進んでこなかったジェンダーギャップ解消の取り組みを前に進めるためには、まずはその社会を率いる人々が変わるべきなのです。そのリーダー層の育成の場として大きな役割を果たしている大学が、性差別的な認識が解消されない、むしろ強化される場であって良いはずがありません。

余談にはなりますが、このような偏った認識を持っているのは、男性だけとは限りません。女性教員の中には、男性社会に溶け込み、その価値観を内在化することで熾烈な競争を生き抜いてきた方も多く、明らかなセクハラを受けたある女子学生の相談に対し、「それくらいで面倒くさい」と取り合おうともしなかった女性教員がいたそうです。

明日の社会を作る人材を育てたいのであれば、まずは大学を、「偏った社会」から卒業させるべきではないでしょうか。

女子が少なすぎる——理系学部の女子学生の苦悩

東京大学の女子比率を上げるべき理由については先ほど述べた通りですが、学内では、女子比率が低いことによって様々な弊害が生じています。その一つが、女子学生を取り巻く環境の過酷さです。

東京大学の中でも、特に女性が少ないのが理系学部です。工学部の女性比率は11・7％、理学部は10・4％と非常に低く、学科単位になると60人中1～2人の場合も珍しくありません。そして言わずもがな、教員のほとんどが男性です。このような環境で学ぶことの苦悩を、理系学部の女子学生が語ってくれました。

工学部のMさんは、同じ研究室の男子学生よりも、指導教員からお茶汲み等の雑務を求められる機会が多いと言います。理系学部の教授のほとんどは、学部時代から男性ばかりの社会で生きています。身近で働く女性が秘書だけなどというケースも珍しくなく、その結果、秘書と同じ業務を学部女子学生にも求めてしまうのかもしれません。また、学科の女子学生があまりにも少ないことから、ハラスメントを受けた場合でも、「この学科の女子学生」というだけで個人が特定されるため、ハラスメント相談室への相談も躊躇するのだそうです。このような状況に耐えられず、海外の大学院に進学する女子学生も少なくありません。

しかしこれらは、女子学生の比率が上がれば解決することです。女子学生比率の向上がここまで求められているにもかかわらず、どうして何十年も変わることができなかったのでしょうか。

女子比率増加のカギはどこに

女子比率の低さに関して、大学側もただ手をこまねいていたわけではありません。ここでは、東京大学を例に取り上げて、今まで実施された女子学生増加施策を振り返ってみたいと思います。

「東京大学男女共同参画推進委員会」が設置されたのは２００２年。２００６年からは「女子高校生のための東京大学説明会」を開催して、女子学生への個別のアプローチを始めました。

２０１１年、東京大学は「女子の進学促進、女子学生比率向上への提言」を発表し、学部生に占める女性の割合を2020年までに30％にするとの数値目標を掲げました。残念ながらこの数値目標は、約束の2020年になってもサッパリ達成されませんでした。2017年には、「女子学生向けの住まい支援」と称して、キャンパスへの通学が90分以上かかる女子学生に対して月3万円の補助金支給制度を開始しました。こうした取り組みが評価され「東京都女性活躍推進大賞」優秀賞にも選ばれています。また、在学中の女子学生が母校を訪問して東大の説明会を実施する取り組みに対して交通費等を支給する制度も行っています（コロナ禍のあおりを受けて停止し、2023年にようやく復活しました）。

東大には何が足りなかったのか

なぜ、ここまでしても、東大の女子比率は改善しないのでしょうか？　10年かかっても30％という目標が達成できなかった以上、大学の行った施策に何が足りなかったのか、分析する必要があります。

東京大学がこれまでに実施した施策は、大きく二つに分けることができます。

一つは、「女子学生が東大を志望した時に、実際進学できるかどうか」の壁を解消する施策。先ほど紹介した東京で一人暮らしをする金銭面でのハードルを解消する補助金の設置があげられます。東京の大学に通う4年間の生活費（家賃）は非常に高額なので、施策の趣旨自体は大きな意味のあるものといえるでしょう。しかし、実際この施策が期待通りに機能しているかには疑問が残ります。私たちもこの補助金の恩恵を受けた身ですが、補助金があると知ったのは入学試験の直前。実際に東京大学を受験することを決めて、住まいを探し始めてからでした。周りの補助金利用者も、ほとんどが同じように受験を決めた後に知っていました。本来であれば、一人暮らしによる金銭的な負担から東大受験をためらう層（特に、地元近隣の国立大学と迷う層）に施策を知ってもらうべきなのですが、その目的はあまり果たせていないようです。

そしてもう一つは、「女子学生が東大に行きたいと思うかどうか」の壁を解消する施策です。これは、東大女子学生が出身高校を訪問する際の交通費を大学が支給し、座談会などを通じてロールモデル提示を促すことで、女子学生にとって東京大学を身近なものとする「母校訪問制度」のみですが、実際にこれを活用した学生の数が少ないため、まだ効果を検証する段階には至っていません。また、卒業生が単発で母校を訪問したとして、高校生の進路選択にどれほどの影響を与えられるかには疑問が残ります。

ここで明らかになるのが、二つの障壁のうち、「進学できるかどうか」の方にしかまだ力を入れて取り組んでいないということ。そちらの施策にも改善点はありますが、私たちは、力を入れるべきは後者の方だと考えています。「進学できるかどうか」の壁に対しては、東大に限らず、今まで様々な施策が取られてきたからです。例えば、安価にオンライン授業を提供するスタディサプリは受験に関する情報の格差を縮め、奨学金制度も十分ではないとはいえ整いつつあります。「東大に行きたい」と強い気持ちを抱く学生が、親の反対や金銭面の課題等で泣く泣く諦めるようなケースは減ってきているはずです。

女子学生増加のためには、そもそも「東大に行きたい」と思うことすらしない、自分にその選択肢があることすら知らない学生たちへのアプローチが必要不可欠です。しかし、この「行きたいと思うかどうか」の壁に関しては、ここ十数年、大した施策は行われていません。女子学生を増やしたい東大としては、まずは「行きたい」と進学を視野に入れてくれる学生を増やす必要があります。

「地方」「女子」という二つの壁

　ひとくちに難関大学の女子学生を増やすといっても、どのような女子学生に特にアプローチをするのかを決めておかなければ、施策は曖昧なものになってしまいます。私たちが特に地方女子学生を増やすことに注力するのは、「はじめに」でも触れた通り自分たちのバックグラウンドを含めた個人的な理由もあります。ただ、それを抜きにしても、地方女子学生に注目するのは非常に意味のあることだと考えます。

　東京大学の地方女子比率は２０２１年度入学者で９％、東京工業大学に至ってはたったの３％です。このあまりにも小さい数字の背景には、「地方」「女子学生」という二つの属性が交差することで生まれる大きな構造的差別があり、それはまさにインターセクショナリティ（交差性）概念の象徴ともいえます。

　詳細は後の章で説明することになりますが、「地方」の「女子学生」であることで直面する課題は様々です。東京を含め地元を出ること一つを取っても、「危ない」という感覚が男子学生では問題にならないけれど、女子学生には問題になる、というのは想像に易いでしょう。このような「地方女子学生」独自の問題だけではなく、首都圏を含めた女子全体を取り巻く問題が、地方でより深刻になるケースもあります。「女子は△△、男子は○○だ」とあからさまにジェンダーステレオタイプに当てはめた発言や、セクハラ発言等は、都内のオフィシャルな場ではあまり見なくなりましたが、地方では未だに多く存在します。

これだけでも、進路選択に関わるジェンダーギャップが首都圏より地方で深刻であるということが容易に想像できます。

つまり、地方女子学生は大学進学において、首都圏女子学生とも、地方男子学生とも異なる壁に直面しているのです。そして、地方女子高校生の総数は首都圏の女子高校生よりも多いので、この地方女子高校生を放って女子比率向上の議論を進めるわけにはいきません。

地方女子高校生の進学意識に関しては、今までも様々な文献で触れられています。しかし、その実態を示すデータはこれまでに存在せず、あくまでも当事者たちの経験談のみによって議論されてきました。そこで私たちは、この「地方女子学生が直面する壁」の正体を突き止めるべく、調査に踏み切りました。

コラム①　東京大学における、ジェンダー問題の話しにくさについて

第1章でも触れた通り、東京大学の学生の中には偏ったジェンダー意識を持っている学生が多くいます。本来であれば、大学でジェンダーの問題について勉強することができれば良いのですが、残念ながら今でも、東京大学ではジェンダーに関する講義が必修ではありません。そして、女子比率が2割という状況は、私的な会話が行われる空間においても、問題を生んでいます。本筋からは外れますが、東京大学におけるジェンダーに関わる話題の話しにくさについて、コラムを使って紹介したいと思います。

大学1年次、川崎がジェンダーに関する講義を受けていた時のことです。講義が終わった後、私は有志学生たちでの復習会に参加しました。10名ほどの集まりの中

で、その場にいた女子学生は私を含めて2人だけで、そこではかなり強い口調で講義に対する文句が飛び交っていました。

そして恐ろしいことに、授業内の質問コーナーで、東大内で性差別的発言を受けた体験をシェアした女子学生に対しての悪口も飛び交っていました。

「あいつはフェミニストかぶれだ」

「大したことのない話なのに、被害者面をしている」

彼女は、テーマに即した体験をもとに声を上げただけなのに。

東京大学で、ジェンダーの話題について議論をするということは、すなわち彼女のように心無い批判を受けるリスクを負うということです。そのリスクの程度はおそらく、男女比の差が小さい他の大学よりも大きいでしょう。その時私は、自分の中に眠る、小さな違和感に気がつかないふりをして、その場の議論を黙認していました。強い意志を持って反論するには、私はあまりに無知で、未熟でした。

この時の自分を、今、心から恥じています。もしその後に、「はじめに」で述べた「ジェンダー論」の授業に出会っていなければ、私はそのまま、ジェンダーの話題を避けて人生を送っていたかもしれません。様々な実際のデータをもとに、学問としてジェンダーに触れる道を初めて知り、目から鱗《うろこ》が落ちるようでした。

彼らはおそらく、彼女のシェアした話が、自分たちにとっては想像もつかないような体験だからこそ、つい「そんなことが起きるわけがない」と無意識に強く否定してしまったのでしょう。きっと彼らも、データを見て、実際の話を聞けば、意見に変化が生じるはずです。実は、#ＹＣＰのメンバーは男性がおよそ2割で、首都圏出身の男子学生も含めて非当事者層も多く関わっているのですが、それは私たちの団体の大きな強みだと思っています。社会を変えるには、当事者の主張だけではなく、バックグラウンドを異にする人たちの積極的な同意が必要ですし、その方が心に響く人もいるからです。

東京大学の男女比が8：2という環境は、認識の偏りを強化しています。ジェンダーにまつわる議論について、冷ややかな視線を浴びせることの方が普通である空間にいると、異なる意見を主張することはとても難しくなります。おそらく、これはジェンダーだけに当てはまる話ではありません。多様性に寛容な社会の方が個々の感じる幸福度は高いということも考えると、このような同質的で、異なる意見を受け入れない雰囲気はなくしていくべきです。

男女比の偏りが改善されることで、大学がより多様な人々が許容される空間になり、有意義で自由闊達な議論が生まれる場所となることを願います。

第2章

なぜ地方女子は難関大学を志望しないのか

調査の経緯

先にも述べた通り、地方と首都圏の情報格差や男女の傾向の違いについての議論は社会学の文脈や受験業界でなされてきましたが、調査事業を始めるに思い至った2022年の秋には、特に「地方」の「女子」に固有の価値観や意識レベルでの課題が存在することを示すデータはありませんでした。周囲の人たちからなかなか理解が得られず、活動の拡大も危ぶまれたため、誰が見ても明らかに課題だといわざるを得ないような「信頼のおける証拠」を、統計を用いて確保すべきだと考えました。とはいえ、社会調査を実際に行ったことなど一度もない、統計学をちょっとだけかじりました程度の学生が一人いるだけの団体だったので、及び腰になってしまい具体的に取りかかることができていませんでした。

転機となったのは、東京大学内の別のジェンダー系団体である「polaris（ポラリス）」と兼ねる形で活動に参加してくれていた学生の一声だったと記憶しています。polarisとしてもそういった社会調査には興味があり、さらに団体顧問が東京大学大学院人文社会系研究科で社会学を専門にされている白波瀬佐和子教授（当時）だったことから、調査に関して意見を仰げそうだと打診してくれました。それを皮切りに重かった腰も上がり、#YCPとpolaris共同の調査事業が始まりました。

まずは、各団体が何を明らかにしたいのか、という大きいところから考えました。私たち#YCPは地方女子学生の進学選択の意思決定に興味があり、polarisは首都圏も含めた全体的な性差に関心がありました。このような違いもあり、各メンバーそれぞれのバックグラウンドから様々な仮説を持ち寄り、適宜統合して、できるだけ無駄を省いて質問紙を作成していきました。ああでもないこうでもないと議論を重ねながらの質問紙作成だったため、日を跨《また》ぐまでオンラインミーティングをしたことも一度や二度ではありません。以降は、そのような仮説の背景や議論にも触れながら解説します。

今回の調査は、「難関大学を目指せるにもかかわらず目指そうとしない地方女子学生の現状」を明らかにしたかったため、対象とする地方の高校は、例年の東大進学者数と偏差値を基準に選定し、地方のいわゆる進学校を都内の同偏差値帯の学校と比較することにしました。

また、今回の調査はどうしても任意回答にすることができませんでした。というのも、任意回答にしてしまうと、こういった調査に協力する比較的「献身的な」生徒ばかりが積極的に回答することになり、結果が偏ったものになってしまうからです。それを防ぐためにも、高校に調査を行っていただく場合は学年単位、少なくとも学級単位でお願いする必要がありました。少しでも高校の先生の信頼を得るために、当時私たちが所属していた東京大学教養学部の倫理審査に通し、卒業生に協力を仰ぎながら97の高校に働きかけ、最終的に27の高校、4000人近い高校生から協力を得ることに成功しました。調査を思い立ってから実施に至るまで、実に5カ月を要しました。ご協力いただいた大学の先生方、卒業生の皆様、高校の先生、参加いただいた生徒の皆様、全ての方に頭が上がりません。ありがとうございました。

先にも述べた通り、それぞれの設問は私たちが地方から出てきて大学生活を送る中で感じてきた風潮・慣習・違和感に基づいています。その意味で、私たちは客観的に調査結果を分析する調査員というだけではなく、一当事者でもあります。データ分析の客観性ももちろん大切ですが、ぜひそのような実体験が現実に存在するということを知っていただいた上で、批判的に読み進めていただければと思います。

目指さないのか、目指せないのか

そもそも、私たちの課題観の原点に、「地方女子学生はなかなか東京大学を志望しない」

という傾向があります。例えば江森の出身校である静岡高校は、静岡県中部全体から成績優秀な生徒が集まる、静岡県のいわゆる進学校の一つです。そういう意味で、県内各地の中学校で「頭が良い」「天才だ」と称されてきた生徒たちが集まっていると言っても過言ではありません。そんな、高校入学時点では「優秀だ」と自負している生徒たち、その時点ではどんな選択だって実現できる可能性のある生徒たちが、大学受験になると、「東京大学なんて自分には無理だ」「旧帝大もダメで元々、どこかの国公立に行ければ御の字」という認識に全体として変わってしまうのは、地方の進学校独特の奇妙な話です。

しかし、より留意すべき点はそこに男女差があることです。私が高校3年生の夏、東京大学を志望していた人数は計22名。そのうち女子は私を含め7名と、男子の約半分でした。私の高校は例年男子が多めではあるのですが、それを踏まえても割合として違和感を抱かざるを得ません。また、全体的に男子が多いためか、上位層は若干男子の割合が高くなるものの、入学直後のテストなどでは女子の方が平均点は高く、入学時点から東京大学を含む難関大学を「目指せるか否か」に大きな男女の差はないといえます。難関大学受験における、志望レベルでの男女の不均衡は伝わったでしょうか。もちろん、この傾向は私の代に限った話ではなく、前後2年間を見ても同様に、東京大学を志望する女子の人数は男子の半分以下でした。

またこの傾向は、母校に限った話でもなければ、静岡県に限った話でもないはずです。

さて、社会一般の風潮はさることながら、こういった進学校に通っている生徒は、基本的には「偏差値が高い学校に行った方が良い」「難関大学と言われる学校に入る方が良い」と考えていることと思います。これらはおおよそ学歴社会の産物であり、確かに、「平均年収」の視点から見ると、偏差値が高い学校であればあるほど、年収も高い傾向になります。実際、openworkが２０２２年に公表した、30歳時の年収の出身大学別データ[10]によると、1位が東京大学で平均７６１万円、2位が一橋大学で７０７万円、3位は慶應義塾大学の６７６万円、4位は京都大学の６６６万円と難関大学が並んでいます。さらに難関企業内定者数・国家公務員の人数・国会議員の人数に関しても、偏差値が高い大学ほど多くなります。なるほど、偏差値の高い大学に入っておくと、もしくはそのような大学に行けるように努力しておくと、職業選択の幅も広がるように思えます。つまり、ここでいう「良い」とは「自分の将来において比較的有利」と読み替えることができそうです。

以上の議論を踏まえると、一つ確認しなければならない問いが浮かび上がってきます。この「難関大に入ると自分の将来において比較的有利」という前提が男女間で共有されていないために、地方の女子学生は男子学生ほど難関大学を志さないのでしょうか。それとも、その前提は共有されているけれども、他の要因によって、「難関大学を目指せない」現状が生まれてしまっているのでしょうか。

ここではダイレクトに、「偏差値の高い大学に行くことは自分の目指す将来にとって有利だと思うか」という設問を設定し、五件法（とてもそう思う、どちらかといえばそう思う、どちらともいえない、どちらかといえばそう思わない、全くそう思わない、の五段階）で回答してもらいました。

そして、地方女子／地方男子／首都圏女子／首都圏男子の平均値を比較しました。結果は**図表２-１**の通りです。首都圏女子／首都圏男子には平均値に差があるとはいえなかったのに対し、地方女子／地方男子には差があることがわかりました。先の仮説からこれを考察すると、地方の女子学生は難関大に進学することには将来的な有利性を感じていない、偏差値は将来にはあまり関係ないと考えているために、男子学生と比べ偏差値にこだわらないと捉えられます。

図表2-1　偏差値の高い大学に進学することを有利と感じる程度（5段階）

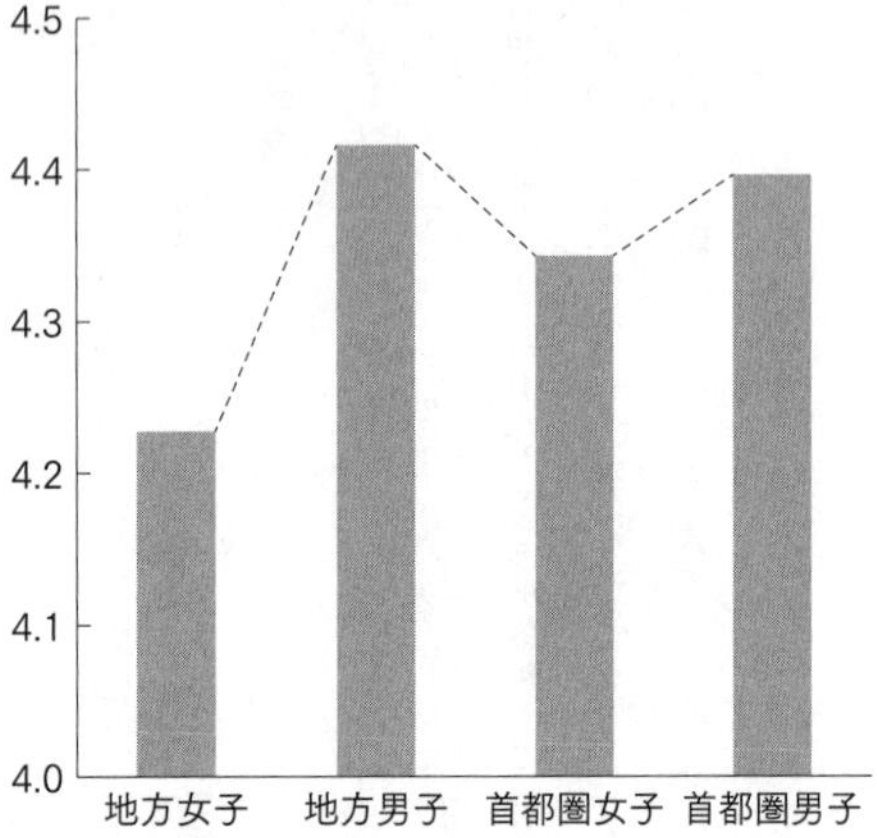

出典：筆者作成

難関大学を選ぶメリットとは

第3章以降では、この結果を軸に、なぜ女子学生が難関大学への進学にメリットを感じられなくなっているのか、などを考察します。

ここではその議論に入る前に、そもそも難関大学に進学するメリットを整理したいと思います。

将来の就職先の選択肢の幅や年収の高さは前述した通りです。しかし、志高く、難関大学に進学する意味はそれにとどまりません。学内で出会う人間、学内で得られる機会、その大学固有のカルチャーなど、様々な利点を踏まえて進路選択ができている高校生は一体どれくらいいるでしょうか。

実際に地方から難関大学に進学するという意思決定をした知人に対し、彼ら彼女らなりの「わざわざ地元を出て、難関大学に進学する意味」について尋ねてみました。

・優秀な人と出会うことによる気づき

「井の中の蛙のままじゃ、つまらない」

そう話した小山さんは、東京大学工学部を卒業したばかりの社会人2年目の男性です。山口県の宇部フロンティア大学付属香川高等学校から東京大学に進学し、現在はＡＩやＤＸのコンサルティングを行う、株式会社Engineeの代表を務めています。彼が難関大学に進学する意味として真っ先に挙げたのは、「優秀な友人との出会い」でした。

高校時代、常にトップの成績だった小山さんは、「大抵のことは一人でできる」と思っていたそうです。しかし東大進学後、「瀧本ゼミ企業分析パート」に所属したことでその考えが一変しました。株式投資の銘柄判断を行う瀧本ゼミでは、通称「Ｆｉｒｅ制度」という厳格な選抜システムにより、半年に1回の発表審査で合格できなければゼミに残ることができません。そのため成長意欲が非常に高く優秀な学生が集います。自分には困難なことも軽々クリアする他のゼミ生仲間と必然的に向かい合う環境は、小山さんの考え方を大きく変えました。

「全ての道でトップを取ることは、不可能。でも、自分を含め、何か一つでも秀でた者同士でチームを組めば勝てるのではないか」

小山さんは今、大学時代の友人とともに会社を経営しています。社員一人一人の能力を理解し、化学反応を起こすような「チーム」設計にこだわる経営姿勢を貫くのは、東大に進学し、スタンドプレーではなくチームとして勝つ強さを知ったからに他なりません。

受験において、志高い目標設定をするほどに、自分より優秀な人に出会う可能性は上がります。このような出会いが豊富にある環境か否かが、学生の将来を大きく左右することは想像に難くありません。

さらに、優秀な人との出会いは、自分の将来を思い描く上でも役立ちます。「優秀な人」と一括りに言っても、特定の分野に対して深い教養がある、横断的に幅広く様々な分野に関する知識を有する、コミュニケーション能力がある、営業力がある、など様々です。その様々な方面で「優秀」である人たちと関わり合うことができる環境に身を置くからこそ、自分は何を武器に生きていくのか、自分の力を真に発揮できる場所はどこなのかを見極めることができます。

古賀晶子さんも、学内での活動の中で「自分の武器」を知るに至った一人です。古賀さんは福岡県から東京大学工学部都市工学科に進学し、現在大学３年生。＃ＹＣＰ設立当初からメンバーとして活躍しています。高校時代から地元の女子高校生の無効力感や自分の限界を決めてしまう姿勢に疑問を感じつつも、初めの一歩を踏み出せずにいた古賀さんですが、＃ＹＣＰの設立に立ち会い、強く感化され、活動に関わりたいと思うに至ったと言います。

「自分には、当時０から１を生み出す力はなかったが、リーダーの強い想いに共感して一緒に活動を進めていく、１を１００にすることに向いていると思えた」

＃ＹＣＰでの活動以外にも、友人たちと「自分の武器」について自然と意見交換できる機会に恵まれ、自分が将来向かうべき方向について深く考えられたことで、難関大学に進学した意味を感じたそうです。

「地方で優秀だった学生は、東大に進学すると自信を喪失してしまう」という言説もよく耳にしますが、取材を通して見えてきたのは、優秀な友人に揉まれ、様々な気づきを経て自己理解を深めていく学生たちの姿でした。

・向上心が高まる環境

前述のように、様々な「優秀な人」が集まる環境下では、互いの向上心を高め合う循環のようなものがあるのではないでしょうか。

「周囲の学生が、高い志を持ち、実現するのを目の当たりにしてきた。その学生が親しい関係であればあるほど、何か、自分もやればできるかもしれない、そんな気持ちが芽生える。東大にはそういうカルチャーがある」

東京大学法学部４年生の女子学生、河村さんは、学生による学生のためのビジネスコンテストを運営する団体での活動を振り返り、そう語ります。団体の活動を離れた今も河村さんを鼓舞し続けるのは、苦楽をともにした同期でありながら、生成ＡＩの会社を学生起業した元代表の存在です。元代表の活躍を耳にするたび、自分も成長した姿を見せたいという気持ちが湧いてくるのだと言います。互いを鼓舞し合うような、相乗的に向上心が高まる環境は、大学という、利害関係の外で親しくなった友人同士だからこそ育まれ、より一層効力を発揮するのでしょう。

京都大学文学部の女子学生で、京都大学新聞社のライターをされている山田さんも、同様な風潮が学内に存在すると言います。山田さんは当初、京都大学全体に広がる自己効力感の高さや、「自分たちにはなんでもできる」という感覚が共有されていることに、驚いたそうです。

山田さんが特に影響を受けたのは、同じ京都大学新聞社に所属する先輩でした。その先輩は、「学生だから」と臆することはなく、大学や弁護士の方などに積極的に取材を試みるそうです。たとえ回答拒否されようともめげずに取材を続ける力強さに影響され、知らず知らずのうちに彼女自身も、「当たって砕ける」ことを怖がらずに堂々と取材する姿勢を身につけたと言います。

以上のような循環は東大や京大のみで起こる現象ではありません。それぞれ努力の末に集った、同じ大学の人間だからこそ共有できるものがあり、互いへの理解や尊敬が容易で、それが切磋琢磨できる環境を生み出しているのかもしれません。

・充実した制度

東京大学工学部4年の女子学生Sさんは、充実した制度こそ、難関大学に進学して受けた恩恵だと話します。彼女は大学入学時から1年間休学し、FLYプログラムという制度を利用してドイツを訪れました。留学ではなく、休学という形を取って海外に「滞在」することをサポートするこの仕組みは、東大ならではの特殊なプログラムです。大学から、金銭面でも手続き面でも充実した支援を受けたことで、Sさんは安心してドイツ留学に踏み切ることができました。積極的に意見を主張し、政治的な話題で議論する欧州の文化に触れたことで、Sさんのマインドセットに大きな変化があったと言います。

「今まで、自分の意見を大っぴらに開示することははばかられたし、その必要もないと思っていた。でも、FLYプログラムを経て、自分の意見は、誰かが聞きたい意見なんだ、って。意見の主張に抵抗が少なくなりました」

Sさんは、より良い環境で研究を進めるべく、卒業後は海外の大学院に進学します。これも、FLYプログラムがあったからこその決断だそうです。

FLYプログラムに限らず、難関大学であるほど交換留学先の大学の選択肢も幅広く、それ以外でも様々な留学プログラムが用意されています。東京大学経済学部4年の女子学生Nさんも、短期の留学プログラムを活用した一人です。Nさんはサークルなどの関係で一時は交換留学を見送りましたが、留学したいという気持ちを捨てきれず、短期の留学プログラムを利用しました。政治分野に優れたパリ政治学院に留学し、最先端の政治学に触れる機会を通じ、彼女は国家公務員を目指す決意を固めました。

東京工業大学修士1年の女子学生、Aさんも、難関大に進学するメリットとして東工大の充実した制度を例示しました。東工大ではキャリア教育が充実しており、学部生のうちから様々な職業ロールモデルと関わる機会が多数用意されています。女性の理系学生として今後どのようなキャリアを描くことができるのか、不安に感じる女子学生は少なくないでしょう。そのような学生を最大限にサポートする制度が学内に充実しているそうです。

以上のように、挑戦をあと押しする大学の制度や、それを活用する学生たちの存在も、難関大学に進学するメリットといえるでしょう。

ここまでに挙げた環境や機会は難関大学でしか得られないというわけではありませんが、確率論的に得やすくなるのは事実です。大学を選ぶ指標は偏差値だけではありません。各大学が持つ利点にも目を向けつつ、視野広く進路選択をすることが重要だと考えます。

コラム② 東大の進学選択（通称「進振り」）の意義

東京大学に特徴的な制度といえるのが、学部2年の夏に行われる「進学選択」です。東京大学の学部4年間は前期課程2年と後期課程2年で構成されており、入学時は全ての学生が教養学部に所属します。前期課程の2年はいわゆるリベラルアーツで、専門的な学問に移行する前に、幅広い知識を習得する期間として設けられています。

1990年代頃まで、学部入学からの2年をリベラルアーツに充てるのは他の国公立大学にも共通していたそうですが、現在でもこの形を存続しているのは東京大学の特徴といえるでしょう。この2年間は、科類にかかわらず文理横断的に幅広い学問に触れることができます。前期課程の途中、大学2年生の夏に進学選択というものが存在し、学生はそれまでの成績に応じて自分が後期課程で進学する学部を選択することができます。他の大学に進学した場合は、高校生の段階で学部選択をすることになりますが、東京大学の場合は大学2年で学部選択ができるのです。

これらは一般的に"Late Specialization"と言われており、東京大学の他に国公立大学では北海道大学、私立大学では国際基督教大学（ICU）などがこの制度を取り入れています。また、似たような制度として、学部は決まっているものの学科や専攻を大学進学後に選択できる大学も存在します。国公立大学では、東京工業大学、京都大学や名古屋大学の一部学部、私立大学では早稲田大学や慶應義塾大学の一部学部が該当します。

筆者である江森も、この制度に助けられた人間の一人です。高校時代、ただ当時の得意科目から理系を選択してしまいましたが、高3の途中からマーケティングを学びたいと思うようになり、経済学部を志望するようになりました。ただ、高校時点では理系だったので、東京大学理科二類を受験して、この進学選択を利用して経済学部に行く心づもりでいました。残念ながら現役時は合格できず、どうせ経済学部に行くならと文転して文科二類（多くが経済学部に進学します）を受けようと思っていましたが、現在の共通テストにあたるセンター試験の点数が思うように伸びなかったため、縁あって文科三類（多くは文学部・教育学部などに進学します）に進学することになりました。

もちろん文科三類であっても、経済学部に進学することは可能なので、教養学部時代に経済や数学などの授業を積極的に取りました。取ってみてびっくり、経済の授業は、私が思い描いていたマーケティングのような実学はほんの一部で、多くは理論的で数式をゴリゴリ使うような講義でした。それはそれで興味深く勉強していたのですが、何気なく取った心理学の授業で考えが一変しました。心理学の魅力を語りだすとキリがないのですが、脳科学に近いような分野から、社会行動に主眼を置いた分野まで、心理学に関わるどの講義も非常に興味深く、自分が突き詰めて勉強したいのはこれだと確信したのを覚えています。

マーケティングというと経営学や経済学を連想してしまいますが、人の意思決定や購買行動は非常に非合理的で数理モデルだけで語れるものではなく、バイアスなどに主眼を置いた社会心理学からのアプローチも存在します。私の興味は数式などに落とし込むというよりも、人の意思決定は何に影響されるのか、ということだったので、後期課程では社会心理学専修に進むことに決めました。社会心理学は文学部の中の専攻の一つなので、文科三類に一番枠が多く、高校時代には理系だったところ紆余曲折あって文科三類に進学したことが、結局自分にとって有利に働きました。つくづく、人生何が良い方に転ぶかわからないものだなと感じました。

長くなりましたが、もし私が最初から経済学部に進学していたら、心理学に出会うことはなかったし、たとえ出会って学びたいと強く思っても、そこから進路を変更するのは簡単なことではなかったでしょう。日本の高校生は男女問わず、学校行事や部活動のかたわら勉強に追われ、なかなか将来に想いを馳せる機会もなければ、自分が何を勉強したいのかを調べる時間もないのが現状です。また、実際に授業を受けてみないうちは、「これこそ自分が勉強したい学問だ」と確信を持つことは難しいと思います。そういった意味で、Late Specialization を導入している大学は、何を勉強すべきか決めきれない高校生にとって非常に良い選択肢ではないでしょうか。

加えて、高校生は、進学した学部や学んだ学問が就職先を左右すると思っていることが多いようです。しかし、実際はそんなことはなく、資格が必要な職業や一部の技術職を除いて、どんな学部からでも企業の総合職などに就職することが可能です。もっといえば、文系がエンジニアになることも、理系が営業職に就くことだって可能なのです。だからこそ、せっかく学問に深く関わることができる大学時代は、学びたいことを学ぶのが良いのではないかと思います。

第3章

原因の探究
①資格重視傾向

「医学部天下」とその影響

地方女子が難関大学に進学しないのはなぜか。その問いに対し、地方や理系の女子学生の間の「医学部天下」な環境にも原因があるのではないか、という仮説を立ててくれたのは、理学部物理学科3年のHさんでした。元来、宇宙や物理に対して興味を持っていたHさんは、奈良県で過ごした高校時代から脇目もふらず医学部を目指す学生の多さ、STEM（科学・技術・工学・数学）分野を目指す学生の少なさに、疑問を感じていたそうです。

彼女の提案にはハッとさせられるところがありました。確かに翻ってみると、自分たちの地元の学力上位層にも「とりあえず医学部」の風潮がありました。もちろん、家業を継ぐから、医療研究に興味があったから、という確固たる意志を持って目指している学生もいました。しかし、医学部を目指す女子学生の中には、「(女子は）資格があると安心だから」などの理由を語る学生が多かった印象があります。難関大学に進学する実力のある女子学生が盲目的に医学部に進学することで、結果的に難関大学の女子比率が下がるという現象が起きているのではないでしょうか。

女子学生が医学部に流れやすい傾向は実在します。データから、医学部に進学した女子の割合と医学部を除く難関大学に進学した女子の割合を比較してみましょう。**図表3-1**に示した通り、50校ある国公立大学医学部の女子学生比率を見てみると、女子学生比率が30％を下回っているのは10校のみで、中には半数を超える大学すらあります。

国公立医学部の最低偏差値がベネッセのサイト上で66であったことから、同サイト上で、偏差値66以上とされていたそれ以外の大学（旧帝大、東京工業大学、一橋大学、筑波大学、神戸大学）を「難関大学」と呼ぶことにして、比較していきます。各難関大学の医学部以外の理系学部女子比率を見てみると、30％を上回るのは筑波大学の32・3％のみで、残りは軒並み30％以下です（**図表3-2**）。

さらに、理系の中で、右記の難関国公立大もしくは国公立医学部に進学した女子学生の数を分母とし、その中で国公立医学部に進学した女子学生の割合を都道府県別に比較してみます。つまり、一定以上の学力がある理系の女子学生のうち、どれくらいが医学部を選択しているのかを、都道府県別に比べてみようということです。**図表3-3**に示した通り、青森県の83・9％に始まり、地方が上位を占める一方で、一都三県は一番割合が高くても東京都の33・3％と、地方に比べると医学部進学率がかなり低い傾向にあります。ここから、同等の

図表3-1　国公立大学医学部の女子学生比率

医学部	総人数	女子人数	女子比率(%)	医学部	総人数	女子人数	女子比率(%)
京都大学	110	24	21.8	福島県立医科大学	130	48	36.9
千葉大学	119	26	21.9	京都府立医科大学	107	40	37.4
群馬大学	108	27	25.0	横浜市立大学	90	34	37.8
九州大学	108	27	25.0	浜松医科大学	118	46	39.0
和歌山県立医科大学	100	26	26.0	大分大学	100	39	39.0
新潟大学	140	39	27.9	名古屋市立大学	97	38	39.2
名古屋大学	109	31	28.4	神戸大学	112	44	39.3
金沢大学	115	33	28.7	徳島大学	112	45	40.2
大阪大学	99	29	29.3	山口大学	109	44	40.4
山梨大学	125	37	29.6	高知大学	110	45	40.9
奈良県立医科大学	113	34	30.1	鹿児島大学	110	45	40.9
広島大学	118	36	30.5	富山大学	106	44	41.5
信州大学	120	38	31.7	愛媛大学	110	46	41.8
山形大学	113	36	31.9	福井大学	110	48	43.6
三重大学	125	40	32.0	島根大学	102	47	46.1
東北大学	122	40	32.8	琉球大学	112	52	46.4
筑波大学	128	44	34.4	鳥取大学	148	71	48.0
札幌医科大学	113	39	34.5	旭川医科大学	95	46	48.4
岡山大学	109	38	34.9	岐阜大学	110	55	50.0
東京医科歯科大学	96	34	35.4	香川大学	109	55	50.5
				宮崎大学	100	52	52.0
熊本大学	110	39	35.5	滋賀医科大学	95	53	55.8
秋田大学	124	44	35.5	弘前大学	329	201	61.1
長崎大学	115	42	36.5	佐賀大学	163	112	68.7

※北海道大学と東京大学は入学時点で学部が分かれていないため計測不可
※大阪市立大学はデータなし
出典：学位授与機構「大学基本情報2023」を基に筆者作成

図表3-2　難関大学の医学部以外の理系学部女子比率

理系 （北大・東大以外は医学部を除く）	総人数	女子人数	女子比率 （%）
北海道大学	2544	742	29.2
東北大学	1440	272	18.9
筑波大学	1105	357	32.3
東京大学	1824	285	15.6
東京工業大学	1101	118	10.7
一橋大学	67	10	14.9
名古屋大学	1277	272	21.3
京都大学	1686	279	16.6
大阪大学	1797	412	22.9
神戸大学	1108	239	21.6
九州大学	1403	294	21.0

出典：学位授与機構「大学基本情報2023」を基に筆者作成

学力を持つ地方の女子学生は明らかに難関大学の理系学部よりも医学部を選んでいることがわかります。

ちなみに、同様の数値を男子学生に対して求めてみると、47都道府県全てにおいて、男子よりも女子の方が、医学部進学率が高くなります。また、女子において医学部進学率が一番高い青森県でその値が83・9％なのに対し、男子における最高値は秋田県の49・2％と、同じ1位でもかなりの差があることが明らかになりました。このように、医学部人気は男子よりも女子に強くみられ、女子の中でも首都圏より地方に強いこ

図表3-3　都道府県別の理系女子学生の国公立医学部進学率

1	青森	83.9%
2	島根	77.8%
3	北海道	73.9%
4	秋田	73.7%
5	沖縄	72.4%
6	愛媛	67.7%
7	宮崎	67.5%
8	徳島	65.4%
9	鹿児島	65.1%
10	佐賀	61.0%
11	新潟	59.7%
12	岩手	59.4%
13	長崎	56.9%
14	和歌山	56.0%
15	岡山	55.3%
16	山梨	55.3%
17	熊本	53.0%
18	香川	52.3%
19	高知	51.7%
20	鳥取	48.0%
21	福島	46.0%
22	三重	44.2%
23	山口	43.4%
24	広島	41.8%
25	福岡	41.2%
26	岐阜	40.5%
27	奈良	39.4%
28	群馬	39.0%
29	富山	39.0%
30	福井	38.7%
31	京都	38.1%
32	山形	36.4%
33	長野	35.9%
34	大阪	35.7%
35	愛知	35.2%
36	大分	35.1%
37	滋賀	34.6%
38	静岡	34.4%
39	東京	33.3%
40	茨城	31.5%
41	石川	30.8%
42	宮城	30.6%
43	神奈川	30.5%
44	栃木	27.5%
45	兵庫	27.0%
46	埼玉	22.1%
47	千葉	19.9%

出典：学位授与機構「大学基本情報2023」を基に筆者作成

とがわかります。

医学部もさることながら、地元には「自分には医学部は無理だけれども、薬学部なら資格も取れるし」と、薬学部を目指している女子学生が多くいたことを思い出しました。彼女たちは、資格があれば、結婚や出産などのライフイベントを経ても職場で不利益を被ることはなく、職場復帰も容易だから薬学部を目指すのだと語っていました。

ここで新たな仮説が生まれました。もし女子学生、特に地方の女子学生に「将来職に困らないから」という理由で資格取得を重視する傾向が顕著であるならば、前述のような「できるだけ偏差値の高い大学に行こう」というマインドよりむしろ、「資格が取れる大学に行こう」というマインドで進路選択を行うことになりそうです。これが地方女子全体の傾向であれば、難関大学に地方女子学生が進学しないという現行の力学の理由になるでしょう。

そこで、地方の女子学生にこのような「資格取得重視傾向」があるのかを独自に調査するため、「資格のある職業に就くことは自分の将来にとって大事だと思うか」という設問を設定し、五件法で回答してもらいました。

データ解釈に移る前に、設問文がこのような遠回しな表現になった理由に言及させてください。一見、「あなたは医学部・薬学部に進学することを検討していますか（あるいは、したことがありますか、など）」と直接聞くのでも良さそうです。しかし、ここで改めて、医学部・薬学部を目指すことと、資格取得を重視することの違いを確認しなければなりません。

私たちが着目したいのは「資格取得をすると将来（職を失わない、職場復帰しやすいなどの理由で）有利だから」→「医学部・薬学部など資格を取得できる学部に進学しよう」という意思決定をする層です。「あなたは医学部・薬学部に進学することを検討していますか」と設定してしまうと、資格取得自体に有利性を感じているわけではないが、自分は医学部・薬学部を目指しているので、「とてもそう思う」「そう思う」を選択する層を除外できません。また、医学部・薬学部などと特定の学部を挙げて将来の有利性を語ろうとすると、「それは、医学部・薬学部に進めたら、年収的に有利だろう」という別の推察を招きかねません。もちろん、当初は資格取得を重要視していたものの次第に医学部・薬学部に進学することが目的化したので適切に回答できないといった層もなきにしもあらずですが、それは個人差の範囲だろうと判断しました。このような議論の結果、「資格取得」という曖昧なワードを設定することにより、より「資格」に重きを置いている層を炙り出して比較する、という方向性に落ち着きました。

回答結果は**図表3-4**の通りです。全体として、男子よりも女子に、首都圏よりも地方に、

図表3-4　資格取得を重視する程度

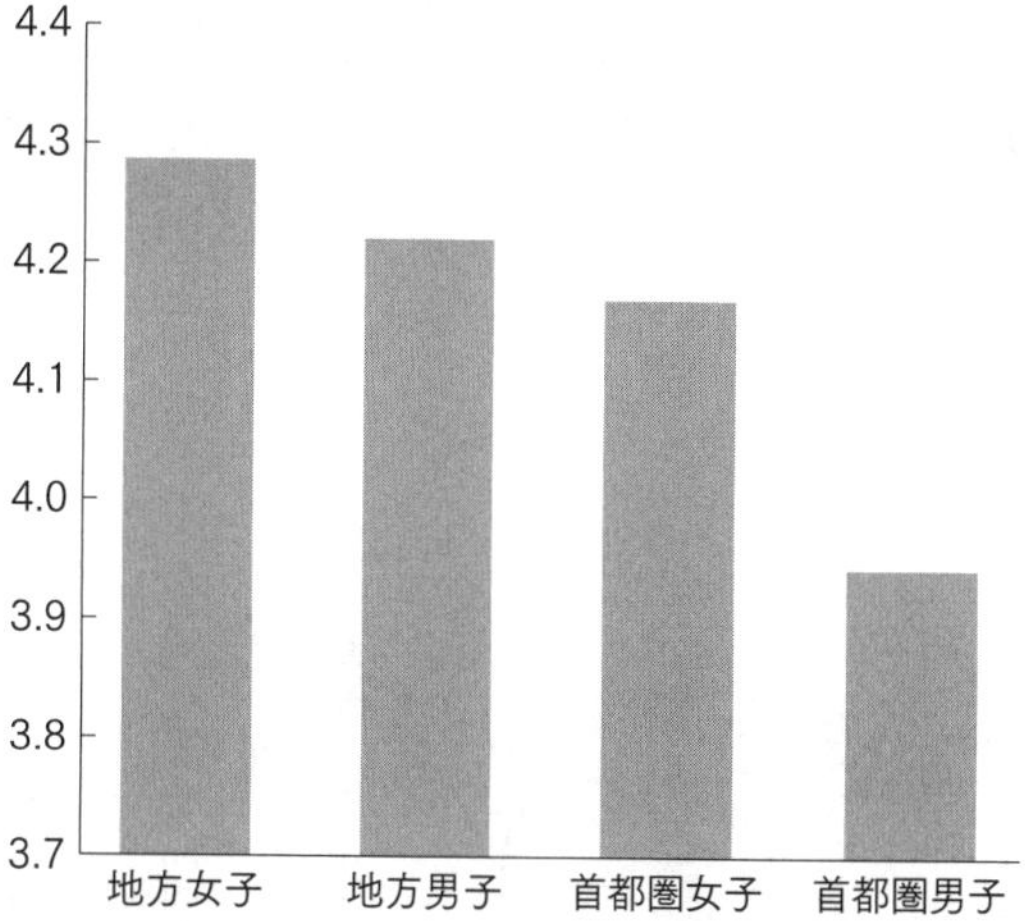

出典：筆者作成

資格取得をより重視する傾向がありました。さらに、地方女子は首都圏女子や地方男子と比べて有意に資格取得を重視していることもわかりました。

このことから、やはり資格取得を重視するために、地方女子の医学部進学率が高くなり、翻ってそれが、地方女子学生が難関大学へ進学しない理由となっているといえそうです。

ここからは、男子より女子が資格取得を重視する理由、首都圏より地方が資格取得を重視する理由を考察します。

男子に比べ女子が資格取得を重視するのはなぜか

前述のように、地方女子／首都圏女子を比べた際に、有意といえる違いが検出されました。しかし、女子と男子の間に最も顕著な差があるだけでなく、首都圏女子と首都圏男子の間にも有意といえる違いが検出されており、男子よりも女子において資格取得を重視する傾向は確実に存在します。

やはり、その原因として考えられるのは先にも挙げたようなライフイベントとの兼ね合いでの不安でしょう。

かつて同級生たちが不安視していた「復職」に関してですが、現在国を挙げて様々な取り組みが進んでいます。１９８６年に施行された男女雇用機会均等法では１９９７年の改正時に、妊娠・出産・産休取得などを理由に女性を不利に扱うことの禁止などが明記され、これを皮切りに多くの企業で女性活躍推進に向けた取り組みがなされるようになりました。２０１５年には女性活躍推進法が成立し、大企業に対して女性の活躍に関する情報公表が義務づけられた他、基準を満たした企業に対するインセンティブの付与などが実行されました。

「えるぼし」マークもその一つで、認定を受けた企業は公共事業への入札が有利になったり、低利融資の優遇措置があったりなど、企業イメージ以外にもメリットが大きく、多くの企業が取得に向けて取り組んでいます。「えるぼし」マークの認定を受けているのは、令和6年3月時点で2716社と、まだまだ少ないとはいえ、女性がライフイベントを犠牲にしなくとも就業を継続できる企業が増えてきています。

彼女たちの不安が、こういった潮流を認知していないために生じているものであるのか、知った上で、「制度は存在しても機能しているとはいえず、企業内の実態は違う」と悲観的に受け止めているのか、はたまたそれ以外の、例えば資格がなければ実力を過小評価されるのではないかといった別の部分から生まれているのか。女子高校生の資格取得重視傾向を紐解くためには、この辺りについてさらなる調査が必要です。

首都圏に比べ地方で資格取得が重視されるのはなぜか

資格取得重視傾向に関する分析の中で、地方女子／地方男子にも傾向の違いが確認されたものの、それ以上に地方／首都圏で顕著な差が検出されました。男女関係ない、首都圏と地方の違いの説明として、地方の職業ロールモデルの少なさが考えられます。自分たちの地元を思い返すと、馴染みある職業といえば、教師や警察官を含む公務員、医師、看護師、薬剤師などの医療従事者、出会う頻度は下がりますが弁護士・税理士などでしょうか。小売業を除けば、企業に勤めていたとしても銀行員もしくは中小企業の社員・経営者などが多く、いわゆる「大企業のビジネスパーソン」がどんなものかを実際に知る地方学生は少ないかもしれません。

事実、東京の企業数は約25万社で、全国の15・3%を占め、資本金10億円以上の企業数は全国の50・6%を占めています。[11] つまり、名前を聞いたことがあるような有名企業に勤めるサラリーマンは東京に集まっており、地方の学生がそういった職業ロールモデルに出会うことは難しいのが現状です。また、地方女子学生は医学部以外の理系学部に進まないと前述しましたが、ＩＴ人材に着目すると、ＩＴ産業従業者の51・1%が東京に集中しており、さらに神奈川・愛知・大阪を合わせると実に72・9%が集まっています。地方の学生がエンジニアに対して解像度が低く、２０２４年の今でもＳＴＥＭではなく医薬系学部が人気を集める現象にも納得ができます。どちらの職業に就いた方が良いということはありませんが、世の中には多様な選択肢があり、それを知らないまま大学に進学するのは高校生にとっても社会にとっても、可能性が最大化されずもったいないことです。難関大女子比率の問題にとどまらず、地方学生が全ての選択肢から納得のいく将来を選択するために、職業ロールモデルを幅広く提示する必要性を感じます。

さらなる検証

さて、第2章で、地方女子は他の属性に比べ、「高偏差値の大学に進学することそのものにメリットを感じていない」という結果が出たと述べました。しかし、本章前半での議論を踏まえると、地方は首都圏より、女子は男子よりも資格取得を重視しているために、高偏差値大学進学に対する有利性を感じていない可能性があります。要するに、「自分は資格取得ができれば、大学はどこでも良い」と思っている層を除いてなお、男女に難関大に進学することを有利に感じる程度に違いがあるのかは確認しなければなりません。そこで、次のような検証をしました。

「資格のある職業に就くことは自分の将来にとって大事だと思うか」という先ほどの設問に、「とてもそう思う」「どちらかというとそう思う」と回答した人のデータのみ取り除いた上で、

「偏差値の高い大学に行くことは自分の目指す将来にとって有利だと思うか」という設問に対する平均値を再度比較しました。すると、地方女子と地方男子、地方女子と首都圏女子の平均値の有意な差が全てなくなったのです。

つまり、資格取得を重要視していない層において、偏差値の高い大学に行くことを有利に感じる度合いは、どの属性間でも違いがないということです。さらに、偏差値の高い大学に行くことを有利に感じる度合いに差をもたらすのは、資格重視傾向なのではないかということも、この検証からある程度示唆されます。

私たちの実感通り、一定以上の進学校において「偏差値が高い大学に行くことは有利だ」という感覚は共有されています。それにもかかわらず、実績を比べると、地方女子は他の属性に比べて弱気な意思決定をしているといわざるを得ません。やはり焦点となるのは、何が地方女子にそのような「弱気な意思決定」をさせているのかでしょう。

「とりあえず医学部」は正しいのか

首都圏より地方に、男子より女子に強い「資格取得重視傾向」ですが、「優秀であれば、とりあえず医者に」という感覚は、各大学の医学部の偏差値が物語っているように、属性にかかわらず存在していると考えられます。しかし、特に地方の高校生は触れる社会人ロールモデルが限られている中で、この「とりあえず医学部」が高校生の意思決定として正しいのかは疑問です。

「本当に医者になりたいのか」。幼い頃から漠然と医学部を目指していた江森ですが、高2の時に母にそう問いかけられて、考えを改めた過去があります。医師に憧れを持った原体験はもちろん存在したのですが、それは医師という職業が持つ、人の人生を大きく変える力に憧れを抱いたのだと今では振り返っています。医師でなくとも、人の人生に何かしら影響力を持つ仕事は他にもたくさんあって、具体的に医師という職業に就くことを想定した時に、自分が本当にやりたい仕事、送りたい生活は別にあるかもしれないと思い至ったのです。

医師になって働く自分を想定して、そこに原動力を持つことができている高校生はどれだけいるでしょうか。もちろん医師は素晴らしい職業で、ご両親が医師をされている等、ロールモデルがあった上で目指している学生も多くいるでしょう。しかし、もしも、ただ自分が人より勉強ができるから、優秀だから、女だからというだけで医学部を目指しているのであれば、もう少し視野を広げても良いのではないかと思います。

高校生の皆さん、私たちも東京に出てきてから知りましたが、世の中には大学生になるまで聞いたこともなかった、知らなかった、たくさんの仕事が存在します。すでに周囲にある選択肢だけから選んでしまって良いのでしょうか。あなただけの人生をどうやって歩むかの分岐点は、知らぬ間に、もう目前に迫ってきているのです。今一度、自分が本当に学びたいこと、やりたいこと、成し遂げたいことを考えてみてください。

考えてみても全然わからない、ワクワクすることがない、好きなことも特にない。そう思う人もいるかもしれません。前述の通り、地方女子のロールモデルは非常に少ないのが現状なので、想像がつかないのは無理もありません。そんな時は、私たちをはじめとする「先輩」を頼ってください。自分の体験談や将来設計について何か話せることがないかと、尽力してくれる人がたくさんいます。

STEM系人材の重要性

地方・首都圏にかかわらず女子に資格取得重視傾向が強いことについては先にも触れましたが、女子学生や保護者の間では未だに「女性は手に職」という認識が抜けていないように思います。「手に職」にこだわるのであれば、何も医者や薬剤師だけがその範疇ではない。そう話すのは、特定非営利活動法人Waffle代表の田中さんです。ＳＴＥＭ系、特にＩＴこそ、「令和の手に職」だと言います。

現在、急速に成長しているＩＴ業界は、深刻な人手不足です。[12] ２０１６年に経済産業省が発表した推計によると、２０３０年には約79万人不足すると言われています。今からの時代、様々な領域でのＤＸ化・ＩＴ化を進めるためには、男女関係なく、ＩＴ人材の活躍が必要不可欠です。しかし、再三見てきたように、日本の優秀な女子高校生は医学部をはじめとした「資格の取れる」学部に進もうという傾向が強く、日本の工学部女子学生比率はＯＥＣＤの中で最下位、女性でＩＴを志す学生が非常に少ないのが現状です。さらに、ＩＣＴ（情報通信技術）に興味があると答える15歳女性の割合もＯＥＣＤで最下位であり、日本にはびこる「優秀な理系女子はとりあえず医学部」「工学部は女子が行くところじゃない」「女の子がプログラミングなんて」というジェンダーステレオタイプがもたらした負の遺産がここに表れています。

女子はそもそも理系を選択しないのだから、ＳＴＥＭ系の女子学生が少ないのはあたりまえじゃないか。そういった声も聞こえてきそうです。それ自体がジェンダーステレオタイプにまみれていて大変歯痒《はがゆ》いのですが、実は、文系学部と理系学部で極端に女子比率に差があるかというと、一概にそうでもありません。2023年度の学校基本調査から、学問の系統別に女子比率を出してみると、人文科学は64・3%と非常に高いものの、教育学は59・2%、社会科学は36・7%、一方の理系では、農学で46・1%、医学が37・4%、薬学が61・7%と理系学部にも女子比率が高い系統が存在し、女子学生が「女子は理系科目が苦手だから文系」ということを真に受けて、意思決定しているわけではなさそうです。

しかし、工学系の女子比率が16・1%であることは確かであり、第1章でも工学部に所属する女子学生の苦悩に触れましたが、女子学生がほとんどいないとされる工学部は環境として、積極的に進学したいものではないでしょう。女子学生が少ないだろうから、私も行かない。そんな負のスパイラルが出来上がっていると田中さんは話します。

しかし、ITは女性にこそお勧めしたい、まさに「手に職」だと言うのです。コンピュータ関連産業は、他の業界に比べ男女の賃金格差が小さく、在宅ワークが可能なため、スキルベースでの転職も盛んで女性のライフイベントに合わせた働き方が可能です。「資格という目に見えたスキルがないと復職が不安」「ライフイベントを考慮して柔軟に働きたい」という理由で資格を重視している学生がいるのであれば、ITの道を一つの選択肢として考えてみてはどうでしょうか。

Waffleは教育とエンパワーメントを通じて、ＩＴ分野のジェンダーギャップ解消を実現しようとする団体で、女性ＩＴ人材を増やすべく、女子中高生向けにコーディング講座やキャリア講演、研修プログラムなどを提供する他、政策提言なども行っています。中にはプログラムを通じて、経済学部志望からデータサイエンティスト志望に転向した女子高校生もいたそうです。「自分は文系だから」「自分にはプログラミングなんて無理」と決めつけてしまう前に、一度講座やプログラムに参加してみてほしいと思います。

第4章

原因の探究
②低い自己評価

楽観的な男子学生、悲観的な女子学生

第3章では女子学生が偏差値の高い大学を志望しない理由として、偏差値よりも資格を取れることを重視して志望校・学部を選択するからではないか、という仮説について議論してきました。しかし、私たちが地元で感じていたことを踏まえると、このような傾向の背景には、前章でも少し触れた「ジェンダーステレオタイプ」の存在、もっというと地方女子の間で共有されている「私には難関大なんて無理」という感覚・価値観が根底にあるのではないか、という気がします。

そこで、なぜ私たちの地元の同級生たちが、実力に比べて「弱気」な進学選択をしていたのかを別の視点から考えてみます。再度、江森の地元での経験を振り返ると、男子学生の方が東大・京大志望が多い一方で、彼らの当時の学力レベルは高低様々で、「野心的な志望校設定」をしている、つまり今まで以上の努力が必要になる志望校を選ぶ学生もチラホラいました。それに比べて女子学生は、東大志望者では私が一番学力が低いくらいで、他の学生は常にテストで上位の、誰も「まさかあの子が」などと驚く余地もない子たちばかりでした。

もっと、女子学生だって野心的な志望校設定をしても良かったはずなのに。このような、現状と目標の距離、乖離の程度が、女子学生は受験期初期段階から小さいように感じます。一体このような男女の違いは何によって生まれるのでしょうか。

高校時代、自分の学力の現状を測るものといえばもっぱら校内テストや模試でしょう。例えば、志望校の判定がD判定（大抵の模試では合格可能性30％程度と表される）であった時、その結果を受け、高校生はどのような捉え方をしているのでしょうか。それを「自分には無理ということだ」と捉えるのと、「まだ目指せる範囲だ」と捉えるのとでは、その後の志望校設定に大きな差が生まれるかもしれません。このように、結果をどの程度楽観的に捉えるかに男女差があったとするならば、それが前述の男女の違いを説明しそうです。

実は、行動経済学の研究によると、思春期の女子学生は男子学生に比べて自分の能力に対する自己評価が低いことが指摘されています。[13] つまり、大学受験においても、男子学生の方が実力を過大に、女子学生の方が実力を過小に評価する傾向があり、それが志望校設定にも表れている可能性があるのです。

そこで私たちは、この仮説を意識調査から立証しようと、現時点での自分の学力を踏まえ「今後、努力すれば東京大学に合格できると思うか」を五件法（そう思う、どちらかといえばそう思う、どちらともいえない、どちらかといえばそう思わない、そう思わない）で問いました（調査内では、「あなたが東京大学志望であると仮定します」という注を入れています）。

調査対象者は、次の春に受験生となる高校2年生。受験期の初期も初期です。志望校設定がより現実味を帯びる3年生になる前の段階で、どの程度「自己評価」に差が出るのかを検証しました。

具体的な結果に移る前に確認しなければならないのは、いかに本人たちの学力を客観的に評価するかです。例えば「あなたの偏差値はいくつですか」「あなたは全国順位でどのくらいですか」と問うても、回答の心理的ハードルを上げるだけでなく、指標に一貫性がなく、客観的な指標とはとてもいえません。そこで学生たちが比較的答えやすく、ある程度正確に回答できる指標は、「校内での順位」であろうと判断しました。この校内順位に加え、その学生が所属する学校のレベル感がわかれば、その学生の大体の学力を推測することができそうです。校内順位の指標として、今の自分の成績は校内でどの程度だと思うかを10段階で回答してもらい、学校のレベル感の指標として、「自分の学校にいる人で東大に受かる可能性があるのは上位何％だと思うか」を、5段階（上位60％、上位40％、上位20％、上位10％、上位５％）で回答してもらいました。データを分析する上では、この二つの項目を対応させ、学生の学力を６段階で評価できるよう、対応表を作成しました（**図表４−１**）。

以上の準備を踏まえ、各学力層において、どの程度「今後努力すれば東大に合格できると思っているか」という自己評価の平均値を比較したところ、衝撃的な結果が見えてきました。

図表４−２のように、６段階のうち、１から５のどの学力帯においても、地方女子学生は、地方男子学生、首都圏女子学生、首都圏男子学生に比べ、自己評価が低いという結果になったのです（学力層６段階のうちの６、すなわち、上位60％が東京大学に受かる可能性がある高校に所属し、なおかつ自身の学年順位を上位20％と回答した地方学生は極端に少なかったため、無効と判断し、グラフには記載していません）。

つまり、当初の仮説のように、自分の実際の学力に対するフィードバックとして、地方男子はより楽観的に捉えて自分の合格可能性を判断するのに対し、地方女子はより悲観的に捉え、そして合格可能性をより低く見積もることがわかりました。この「自己評価」の低さが、地方女子全体の志望校設定を押し下げているといっても過言ではないでしょう。

図表4-1　学生の学力を計測する対応表

東大進学割合	学年順位のランク（10が最大）	学力帯
60%	8 9 10	6
	5 6 7	5
	1 2 3 4	4
40%	7 8 9 10	5
	4 5 6	4
	1 2 3	3
20%	9 10	5
	5 6 7 8	4
	1 2 3 4	3
10%	10	5
	7 8 9	4
	4 5 6	3
	1 2 3	2
5%	10	5
	7 8 9	4
	5 6	3
	3 4	2
	1 2	1

出典：筆者作成

図表4-2　学力と東大合格に対する自己評価の関係

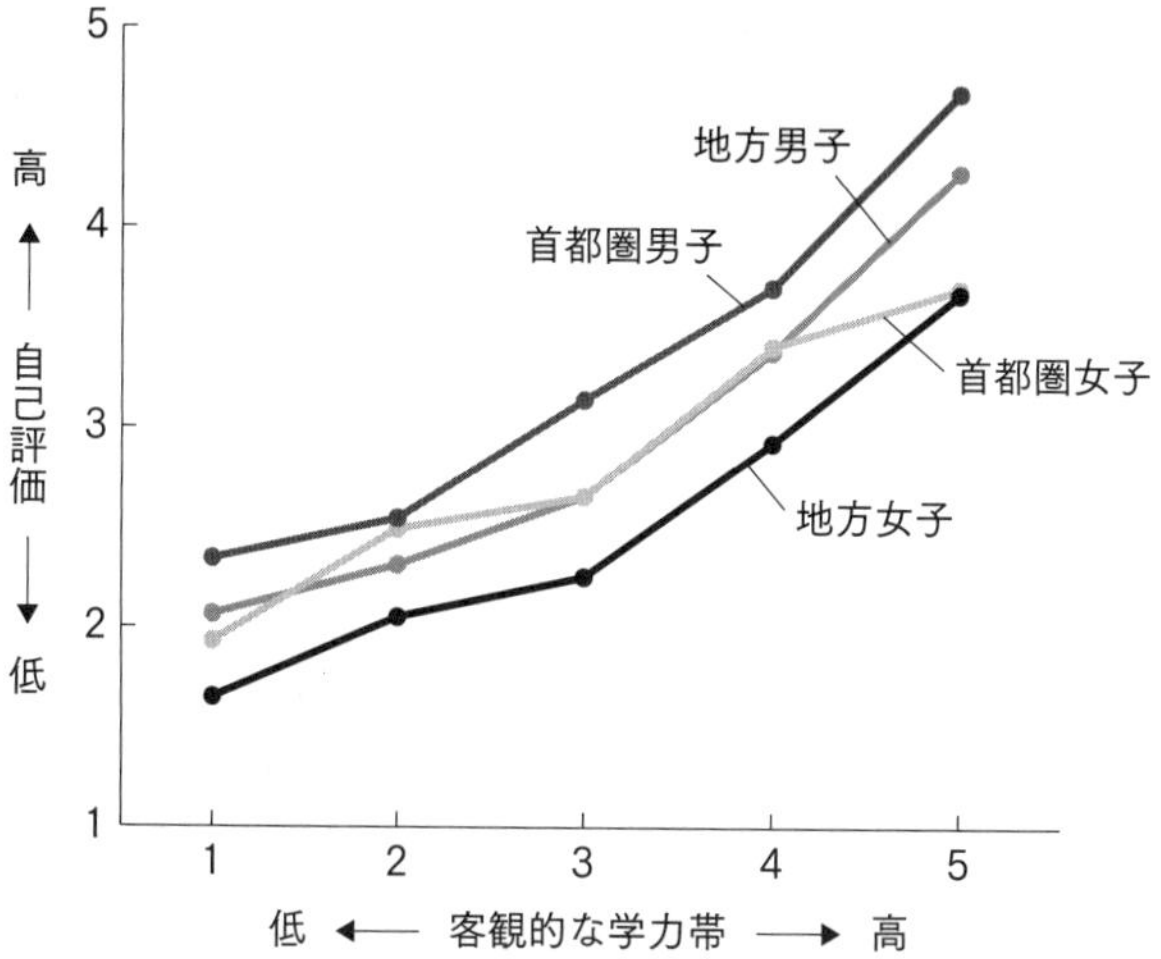

出典：筆者作成

ロールモデルの不足

このように、同じ学力や判定であっても評価の上振れや過小評価が起こることが示唆されている中、学生たちは一体何を基準に「合格するかもしれない」「合格しないかもしれない」を判断しているのでしょうか。

一つ仮説として挙げられるのは、先輩を含む身近な知人が基準となっている可能性です。同じ中学出身の人、部活の先輩、兄弟姉妹など、身近な人であればあるほど、その人の学力や努力量を推し量ることができます。その上で、その知人・親族がどういう意思決定をしたかという情報を自身に蓄積したものが、その人個人のデータベースとなっているのではないでしょうか。自分の学力や勉強量などをそれらに照らし合わせて、自分は大体どれくらいまで伸びそうか、という予測を立てているのかもしれません。逆に、そのデータベースが不足し、前例のない情報であればあるほど、消極的な推定を行う可能性もあります。

つまり、地方女子学生に見られるような「自信のなさ」とは、周囲にそのようなデータベース、つまりはロールモデルがいるかいないか、もしくはその数に影響されるのではないか、と考えました。そこで、「身近に東大に受かった人がいればいるほど、先ほどの『自己評価』は上がるのではないか」を検証するにあたり、「東京大学に進学した先輩や、東京大学に在学する知り合い（話したことがある人）は周りにどれくらいいるか」という質問項目を設け、「10人以上」「5人以上」「2~3人」「1人」「0人」の5段階のうち、最も近いものを選んでもらいました。

いくら偏差値67以上の高校という制限を設けているとはいえ、それぞれの高校の東大進学者数にはバラツキがあります。全員の回答を集計するのでは、単に例年多くの東大生を輩出する学校の生徒ほどロールモデルが多く、なおかつ必然的に偏差値も高い傾向になるために

図表4-3　上位5%が東大に進学する地方高校のロールモデル数と自己評価の関係

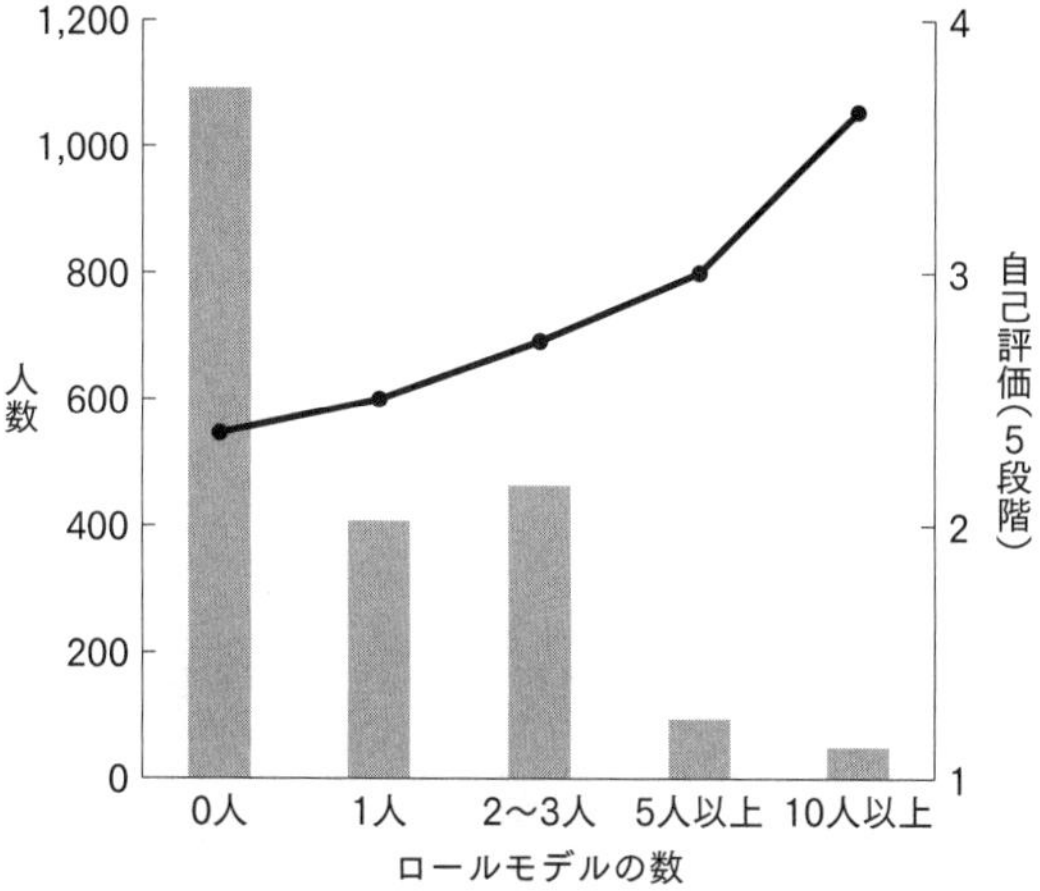

出典：筆者作成

自己評価も高めになるといった、示したい内容とは別の因果を含んでしまう可能性があります。そこで今回は、先の「自分の学校にいる人で東大に受かる可能性があるのは上位何%だと思うか」という設問に対し、ボリュームゾーンであり、なおかつ典型的な地方高校に多いと考えられる、「上位５%」と回答した参加者のみを抽出し、その中で、当該の傾向があるのか検証することにしました。

結果、**図表４-３**に示すように、やはり、ロールモデルの数が増えれば増えるほど、「自己評価」が上がる傾向があることがわかりました。

一般的に人間は自分と似ている人同士で集まる傾向があるため、東大生の知り合いが多い人は、その人自身も東大生になる要素を同様に持っている可能性があります。そういった要素がロールモデルの数と「自己評価」の因果関係を成立させている可能性も再検討しなければなりませんが、身近なロールモデルを増やすことが地方女子の、自分の実力を過小評価しがちな傾向を抑制する可能性が示唆されました。

メディアによる極端な「東大生」のステレオタイプ

さて、ロールモデルの不足が実力の過小評価につながる可能性を見てきましたが、ロールモデルの不足が他の側面で地方女子の「自信のなさ」につながる要因として、メディアによって提示される「一般的な」東大生、東大のイメージがあるかもしれません。

良くも悪くも社会は「東大」というワードに弱いのか、「さんまの東大方程式」や「東大王」など、「東大」の名を冠したテレビ番組が一定数存在します。こういった番組では、「わかりやすい」特徴を持った東大生がおもしろおかしく取り上げられている様子が散見されます。私たち自身、東大に入ったらそういう大天才や、一見風変わりな人が多いのかな、と思っていたものです。しかし、実際東大に来てみるとそんなことはなく、ごく一般的な学生ばかりです。

メディアは「東大には変人ばかりだ」ということを誇大に伝えがちです。周囲に身近なロールモデルがいる人は、彼・彼女らの影響力の方が強く、メディアで取り上げられているのは視聴者の喜ぶ「いかにもな東大生像」であることに気がつくでしょう。しかし、身近なロールモデルがいない高校生はこれらをどう捉えるでしょうか。過去の私たちのように、「東大にはこういう人が多いのではないか」と受け取ってしまうのではないでしょうか。クイズ番組で連戦連勝の東大生たちを見て、「これほど博識でないと東大生にはなれないのではないか」と誤解しはしないでしょうか。

クイズ王、伊沢拓司さん率いる東大発の知識集団として知られる、QuizKnock。知的好奇心を掻き立てられるユーチューブ上の動画コンテンツをはじめ、女子中高生を中心に絶大な人気を博しています。しかし、そんな動画コンテンツ上で、女性の東大生、東大卒タレントを目にする機会はほとんどありません。その主たる原因について、残念ながら現時点でお尋ねすることは叶いませんでしたが、このような人口に膾炙《かいしゃ》したメディアの男女比に偏りがあることで、「難関大は男子が目指すところ」「知識のある人＝男性」のステレオタイプが生まれてしまっている可能性もあるのではないでしょうか。

少し大袈裟に聞こえるかもしれませんが、社会にはびこる「東大生イメージ」は実際とかなり乖離があります。高校生でなくても誤解は根強く、東大生が周りにいない方から「東大生に見えない」「いい意味で東大生っぽくないよね」「東大生でも知らないことがあるんだ」「東大生なのにそんなことも知らないのか」「東大生って……」といった言葉をかけられた経験がある東大生はかなりの数いると思われます。メディアによって植えつけられた「東大生」像が東大生ステレオタイプとして定着してしまっているのです。そういったステレオタイプは、コミュニケーションや笑いの一つとして消費される範疇であれば問題ないものの、社会全体に定着することで、誰かの選択肢を奪うことにつながりかねないということを、コンテンツ制作に携わる人間は認識すべきではないでしょうか。

提示すべき二つのロールモデル

ここまで、ロールモデルがいかに高校生たちの感覚に影響を与えるかを見てきました。ここではさらに、高校生に提示すべきロールモデルとは何かを考察したいと思います。

私たちは活動の中でよく地方の高校の教職員などとお話しする機会がありますが、どの学校も卒業生に母校訪問をお願いするなど、積極的にロールモデルの提示に取り組んでいます。

しかし、非常に残念ながらそれらにどの程度の意味があるかは疑問が残ります。ここで議論したいロールモデルは大きく分けて二つ、大学生などの進路選択上のロールモデルと社会人などの職業選択上のロールモデルです。これらについて、どんな属性の人を提示するのが有効なのか考えてみます。

・進路選択上のロールモデル

私たちの母校でも、難関大学に進学した卒業生が母校を訪ねてきて登壇し、高校生たちを相手に自分の受験体験を話す催しが開かれていました。しかし、そういった方々は、あたりまえですが見ず知らずの関わったことのない先輩である場合がほとんどで、他人も同然。そんな卒業生の話を小一時間聞いても、その人の人となりや、そもそもどれくらい勉強ができる人だったのか、どれくらい努力した人なのかがまるでわからないのです。元々陸上部で、学年で順位は真ん中だったけれども、部活引退後勉強に励んだら東大に合格できた。よく知りもしない人が急にやってきて、そんな話をしたところで、「まぁ素質があった人なのかな、誰にでも共通する話ではないよね」という感想を多くの高校生が抱いても全く不思議ではありません。

やはり、進学意欲向上のためのロールモデルは、先の設問で想定したような先輩を含む身近な知人であることが最も望ましいと考えられます。それが高校生たちの「自分も目指せる」「自分には目指せない」の価値判断の基準になることが推察されるからです。しかし、地方高校はそもそも難関大進学者が首都圏進学校に比べるとどうしても少なくなってしまいますし、先輩・知人ベースでそういった座談会を頻繁に組むのも非現実的です。

そこで、一つ方策として考えられるのが、長期スパンで新たにロールモデルを提示する方法です。要するに、目の前にいる卒業生が「見ず知らずの他人」から「親しい先輩」に変わればいいのではないか、ということです。定期的に親密に話す時間を設けることで、その人に対する親しみと理解が深まり、その人のようになりたい、自分もがんばってみようかな、という自発的なロールモデル化を促すことができるのではないでしょうか。これは、私たちの事業の一環として検証しようと試みていることでもあり、詳細は後述します。

また、何も年上の先輩たちだけがロールモデルになるとは限りません。同級生から受ける影響というのも計り知れないはずです。
江森の友人に、東京工業大学に在学する女子学生がいます。彼女とは小学生からの仲で、小中高と同じ学校に在籍しました。中学では塾が同じだったり高校では部活が同じだったりと、共有した時間は誰よりも長く、今でも頻繁に連絡を取り合っています。そんな彼女は、江森が東京大学を目指していなかったら自分が東京工業大学に進学できていたかわからない、と話します。

一番身近にいた同級生が、真剣に東京大学を目指して勉強していたから、勉強をがんばるのがあたりまえになったし、自分も東京大学を目指してみようと思えた。最終的には、東京工業大学に進路変更したけれど、一年生の頃から東京大学を見据えて共にコツコツ勉強してきたからこそ、合格できたと思う。東京に出たいという気持ちは元々あったけれど、近くにそういう存在がいなかったら、志望大学が東京大学や東京工業大学などの難関大学であったという自信はない。

手前味噌のような話で恐縮ですが、自分が少しでもそういう影響を与えられていたことをとても嬉しく感じます。そんなこともあってか、私たちが在籍していた部活は比較的難関大に進学しようという意欲が高く、テストや模試の点数を共有し合うこともしばしば。皆で勉強もがんばろうという意識が共有されていました。母校には、特定の部活に難関大へ進学した卒業生が多いという半分ジンクスのようなものが存在したのですが、このような同級生が同級生に影響を与えていく構図を踏まえると、ひとくちにジンクスとは言い切れません。首都圏進学校の学校・学年全体で起きている現象が、地方であっても部活動やクラス単位で起こり得るのです。

そういった風潮を作り上げるにあたり、地方の高校生に必要なのは自己開示なのかもしれません。これはもちろん強要できることではありませんが、志高い目標設定をすることを恥ずかしがったり引け目を感じたりする必要は全くないですし、それを身近な友人にだけでも打ち明けてみることが、ひょっとすると友人の志高い進路選択を後押しすることになるかもしれません。高校生にはこのことを覚えていてほしいと思います。

・職業選択上のロールモデル

職業ロールモデルという観点でも同様で、年に数回社会人の卒業生による講演が高校で開催されました。高校側は、少しでも興味を持つきっかけになればと用意してくれていたのだと思います。社会人の話を聞くこと自体は、職業ロールモデルが少ない地方学生の選択肢を広げる上で非常に重要ですし、意味があります。しかし、誰でも良いのかというと、そんなことはありません。江森の母校では、20も30も年上の卒業生が、会社・研究室などでどんなプロジェクトに携わってきたのか、今どんなことをしているのかを詳《つまび》らかに解説する形式がほとんどでした。そういう方々のお話も、職業選択肢を増やす上では重要なのですが、残念ながら興味を持って真剣に聞いていた学生の数は少なかったように思います。

学生が目先の受験ばかりにとらわれ、その後の将来をあまり考えようとしていないことも一因ではあります。一方で、文理混合の全校生徒に対して、ロケットや薬剤といったガッツリ理系の話をするなど、生徒の属性を全く考慮していない形式的な進路講演会には首を傾げざるを得ません。学校側にも都合はあると思いますが、せっかくそのような機会を設けるのであれば、地方における職業ロールモデルの提示の重要性を再認識した上で、本当に学生たちにとって有意義なものであるべきだと考えます。

また、私たちも団体の事業の一環としてキャリア講演を開催する中で、親近感が湧き、等身大の自分ごととして捉えてもらえるようなコンテンツを提供することの重要性を痛感しています。その大人が普段どんな仕事をしているかをただひたすらに聞くだけでは、その内容に興味が湧かない限り、関心を持ち自分のロールモデルとして捉えるのは難しいものです。まず、できるだけ歳の近い社会人にお願いした上で、なぜその人はその仕事をしているのか、高校時代から現在に至るまでどのような意思決定があってその仕事に至ったのか、高校生が自分ごとに落とし込んで考えられる話題を用意することが重要なのではないでしょうか。

私たちのロールモデルとは

ロールモデルの提示が重要だと声高に唱える中、ありがたいことに取材などを受けさせていただく際によく「お二人にロールモデルはいたのですか」という質問を投げかけられます。ここでは、私たちそれぞれが、誰に影響を受け東京大学を志すようになったのかをお話ししたいと思います。

・川崎のロールモデル

私が明確に東京大学を志すようになったのは、東京大学に在学するロールモデルに出会ったことが大きなきっかけです。

高校2年生の時、取り組んでいた課外活動の一環で、Kさんという大学生に指導を受ける機会がありました。Kさんは、豊富な知識をもとに筋道立てて物事を話す力に非常に長けている人で、それこそ「井の中の蛙」だった高校生の私にとっては驚くほど優秀な人でした。Kさんが東京大学法学部の学生であることを知ったことで、私は「こんなに優秀な人がいる東京大学に行きたい」と思うようになったのです。Kさんは男性でしたし、私にとって「身近で目指せそうな人」ではありませんでした。そんなKさんを見て私が無理だと思わなかったのは、私が進学校に通っておらず、しかも女子校だったことで、「自分は学年の中でこれくらいの立ち位置」とか、「女子だから／男子だからこう」などと考える機会がなかったことが幸いしたのかもしれません。

一般入試に関しては、志望校を東京大学に決めて努力を始めてからは模試の成績がある程度安定して取れていたため、志望し続けることができました。しかし、私にとって真に幸運だったのは、同じ学校・同じ部活の先輩に、たまたま推薦入試で東京大学に入学した人がいたことです。当時、まだ始まって間もない東大の推薦入試は一部の天才だけが受かるものだという世間の評判があり、私も引け目を感じていました。受けてみようと思えたのは、間違いなく身近に先輩がいたからに他なりません。情報もなく、合格の基準も曖昧な推薦入試に関しては、ひょっとすると一般入試よりも、ロールモデルの有無が大きく影響するかもしれません。

・江森のロールモデル

実は、私が東京大学を目指すに至ったのは、身近な人が東京大学に行っていたり目指していたりしたからではなく、両親から小さい時に唆《そそのか》されたのがきっかけでした。以来、どんなに無謀だと思われる状況でも頑なに東京大学合格を目指し続けていたため、先に解説したようなロールモデルがいたわけではありません。

ここではなぜ私が諦めなかったのか、実現可能だと思えたのかを振り返ってみます。

結論から述べると、両親の影響で、自分が納得いくまで何かに挑戦することに抵抗がなかったのだと思います。

私の両親は、どちらも高校卒業後に渡米し、母は3年、父は20年強、アメリカに住んだり日本と行き来したりしていました。二人とも、「自分はこう生きたい」という想いにとても忠実で、その姿勢が自然と私にも染みついたのだと思います。同様に、規範や世の中の基準に収まることをあたりまえとしない姿勢もおそらく両親譲りのものです。その意味で、私の東大に行きたいという想いを曲げる理由も、周囲のような浪人への抵抗感も存在しなかったのかなと振り返っています。

実は、浪人を選択肢として提示してくれたのも父でした。経済的な投資だけではなく、選択肢や姿勢を提示してくれた両親に、本当に感謝しています。

異性はロールモデルにならないか

一般的に、ロールモデルというと、ライフイベントや環境が同質であるために、同性を想定することが多いようです。しかし改めて考えてみれば、前項の川崎の例のように、男子学生が直接的に影響を与えるロールモデルとなることもありますし、江森の例のように母親・父親といった性別にかかわらず親から影響を受けることも珍しくありません。私たちの事業でも、多感な年頃でもあるので、女子高校生のロールモデルとしては難関大学の女子学生を提示していますが、必ずしも同性である必要がないのであれば、女子高校生の自己効力感を上げる機会をぐっと増やすことができるかもしれません。ここでは、異性がロールモデルになる可能性について少しだけ言及したいと思います。

私たちは、自己評価を行う際、無意識に比較対象を置きますが、その比較対象には自分と同質な人を選択しやすいといいます。そのため、ロールモデル＝「比較対象になった上で、意欲を向上させる人」を作るには、できるだけ同じような特性を持った人を提示してあげる必要があります。だからといって同性であれば誰でもいいのか、異性ではダメなのかというと全くそんなことはありません。例えば、同性ではあるけれども、出自や年齢、学歴などが全く違う人は比較対象として据えにくいですし、あたりまえですが、同質性の高い比較対象を据えたからといって自動的にロールモデルになってくれるわけでもありません。優秀な比較対象を据えてしまうことで、比較した上で本人の意欲を削《そ》いでしまう可能性もあります。また実際は、ロールモデルがどの程度有効に働くかは、個人の持つジェンダーステレオタイプや性役割意識、所属する集団の構成比などに影響され、最適なロールモデルの要件は厳密にはわかっていません。[14]

しかし、こと地方に関しては、同性をロールモデルにする方が有効である場合が多いと考えられます。地方には「女子だから」「男子だから」というジェンダーステレオタイプや性役割意識が首都圏よりも強く存在するということは本書を通じて解説する通りですが、平たくいえば、ジェンダーステレオタイプや性役割意識が強い個人は、異性のロールモデルとなり得る存在がいても、自分と類似性を見出すことができなかったりその成功要因を性別の違いに見出してしまったりして、異性をロールモデルにすることができない、もしくは意欲が削がれてしまう可能性があるのです。ジェンダーステレオタイプや性役割意識がどこまで強く高校生に根づいているかには個人差がありますが、ロールモデルを提示する側としては、一人一人に関してどの程度ジェンダーステレオタイプや性役割意識が存在するのかを確認してロールモデルを用意するのはあまりにも非効率的です。

やはり、同じ地域、できれば同じ高校出身の同性で、同時期に同じような学力であった大学生というのが、比較的どの女子高校生に対してもロールモデルとして機能するようです。

私たちも、誰がロールモデルたり得るか、適切かを常に意識しながら、今後の活動を行おうと考えています。

コラム③　「合格可能性30%」とは何か

模試でC判定で、D判定で、という話が何度か出てきました。地方女子学生に限らず、模試の判定など見たくもないという学生は少なくないと思います。アルファベットで伝えられると、どうしても「Aは良くてDは悪い」という風に感じてしまうのも無理はありません。自分がそれまでがんばってきたこと、積み上げてきたことに関係なく、無慈悲に能力を決めつけられているようで、特にDやEを取った時は絶望に近い感覚に陥ることもあります。私たちも経験者なので、よくわかります。

加えてそこに、「D判定は合格可能性30%を表します」などと書かれていた日には、自分がその大学を受験するのは10回受けて3回受かるくらいの博打なのだなと思っても無理はありません。しかし、誤解の多いこの30%という数字ですが、そういう「個人が受かる確率」を表しているわけではありません。判定を見て一喜一憂する前に、指標の意味を理解しましょう。

この指標は、過去同じ時期に同じ偏差値だった、同じ大学の志望者たちが最終的にどのくらいその大学に受かったのかを表しています。例えば、高2の夏に受けた模試の結果が、偏差値60で東京大学の判定がDだったとします。それは大まかにいえば、過去、高2の夏にその模試を受験し、偏差値が60であった学生のうち、30%が最終的に東京大学に合格した、ということなのです。つまり、今の学力で周りと比較してどうこうという話ではなく、その後の取り組み方次第で最終的に30人に入るか、残りの70人に入るかが決まるのです。「可能性」という言葉に惑わされると、今の自分が受かるかどうかという話に帰着してしまいがちですが、Aを取ったところで努力を怠れば落ちるし、Eを取っても地道に努力し続ければ受かります。こんな数字は指標に過ぎません。こんな指標のせいで、志望校を下げるか上げるか悩む方が無駄なのです。

都内の女子校出身の友人は、模試の判定を気にしたことがないと話していました。先輩が直前期にA判定でも落ちたり、E判定でも合格を勝ち取ったりしたところを間近で見ていたからだそうです。母校には、そもそも自分の模試の判定を開示するなんて文化は存在しなかったですし、難関大に進学した先輩がいても、その先輩がどの時期にどのくらいの成績だったかを知る機会はほとんどありませんでした。つくづく、高校生が抱く価値観や受験への態度に、首都圏との大きな違いを感じるばかりです。

参考になるかはわかりませんが、そんな地方女子学生のために江森の浪人時代の話をします。浪人生ではあったのですが、理系から文転していたため、浪人当初は地理の記述問題は解いたことがありませんでしたし、世界史に至っては一から知識を詰めなければなりませんでした。元来暗記があまり得意ではなく、ほとんどの勉強時間を世界史に割いているにもかかわらず、全く成績が伸びない時期が続きました。そのため、東京大学の名前を冠した模試、いわゆる冠模試で世界史の点数はいつも一桁。それだけのせいではないと思いますが、判定は良くてC判定、基本的にはD判定だった記憶があります。でも、全く気にしませんでした。なぜなら、気にしたって仕方がないからです。私はやれるだけの努力はしていて、それでも暗記量が足りていないから、ただひたすら努力を続けるしか選択肢がない。30人に入るには、世界史をひたすらやり続ける以外にやることはないと信じて突き進みました。

私は浪人の際に、ある予備校講師の話を聞いてハッとさせられました。苦手なところこそが伸び代であると。目から鱗でした。苦手な教科や苦手な分野に取り組むのは根気を要しますが、その部分こそ、効率よく点数が伸ばせるポイントなのです。模試で重要なのはいつだって、自分の苦手を認識し、その克服を図ることです。これを読んだ高校生たちには、ぜひ模試の判定なんかに左右されず、有効活用できるようになってほしいと思います。

また、保護者の方にも、模試の判定だけを理由に志望校を考え直すよう促すことは控えるようお願いしたいです。前述の通り、合格可能性という指標はあくまで「指標」でしかありません。重要なのはその後の努力です。共通テストを受けて実際に結果が出てからならともかく、模試の段階では何が決まったわけでもないのです。保護者の方が無理なんじゃないと声をかければ、高校生は無理かもしれないと思ってしまいます。一緒に考えるべきは、今後どう勉強していくべきか、何を勉強していくべきか、何を改善できそうかといったことだと私たちは考えています。

第5章

原因の探究
③安全志向

合格可能性の高さを重視する地方女子

この章では、前章で取り上げた「自信のなさ」とは別の、地方女子が高偏差値大学を選択しない要因について考えていきたいと思います。

第3章で、資格取得を重視する層を除外すると、地方女子も他の属性同様に「高偏差値大学に進学することは有利」と考えていることがわかりました。しかし、いくらその部分に関して共通認識があれど、実際どの大学を志望するかには他の要素も必然的に絡んできます。志望校選定はあたりまえですが偏差値のみに従って行われるわけではありません。地方女子学生が難関大学を志望しない要因を突き止めるには、彼女たちの志望校選定においてどのような要素が重要視されるのかを探る必要があります。

そこで、「大学選びにおいて重視するポイントの順位づけ」を行う設問を設定しました。用意したのは、「偏差値が高いこと」「知名度があること」「大学のイメージが良いこと」「自分の学びたい分野に強いこと」「合格する可能性が高いこと」「実家に近いこと」の6項目です。「大学のイメージが良いこと」に関しては偏差値や知名度を除くことを注釈で明示し、例として「おしゃれな人が多い、就職に強そう」などを挙げました。地元の友人が、青山学院大学や立教大学を志望していた理由として、キャンパスが可愛い、おしゃれな人が多そうなどの理由を挙げていたためです。女子学生に有意にそのようなイメージ重視で志望校選定を行う傾向があれば、大学のブランディングなどの影響を考察できるのではないかと考えました。

大本命は地方女子学生が「合格する可能性が高いこと」を他の属性より重視するのではないか、という仮説の立証です。そうだとすれば、志望校選びの段階で男子学生にはないスクリーニングが発生し、進路選択のジェンダーギャップにつながるのではないか、と考えました。

まず、合格する可能性が高いことをどれほど重視するかについてです。**図表5-1**に示したように、地方女子で50％以上、地方男子で45％程度が上位3位までに「合格する可能性が高いこと」を大学選びで重視するポイントに選んだ一方で、首都圏女子、首都圏男子ではどちらも35％前後にとどまりました。ここから、地方では合格可能性を相対的に重視するという傾向が読み取れます。

地方女子と地方男子であまり差がないように見えるところから、「あれ、地方男子は地方

図表5-1　「合格する可能性が高いこと」を重視する割合

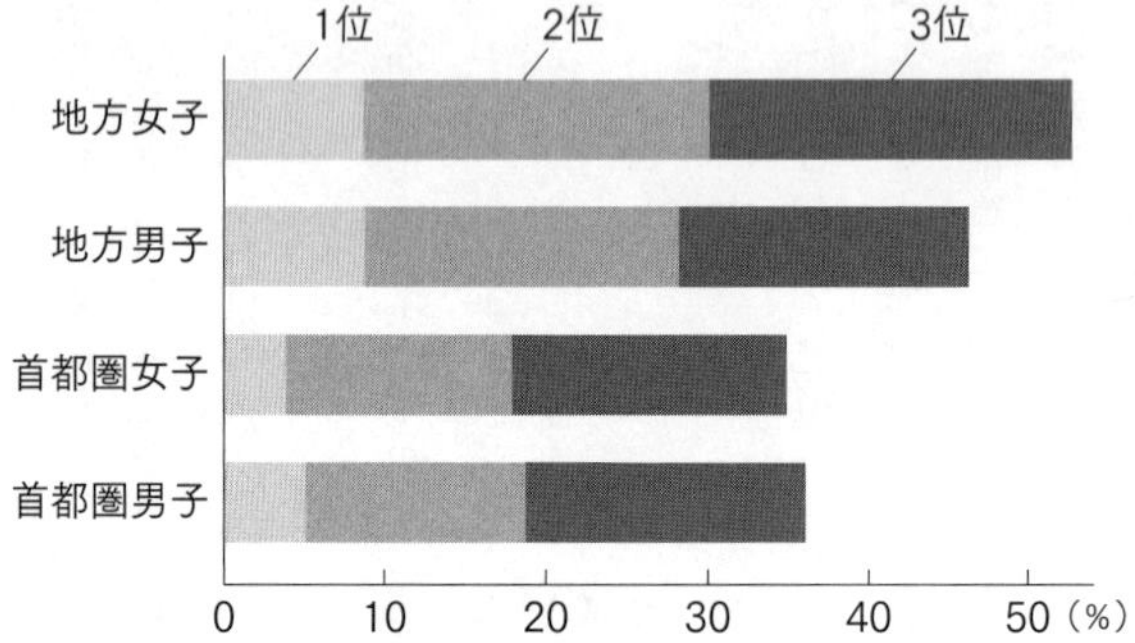

出典：筆者作成

女子よりも自己評価が高めで野心的な志望校設定をする傾向にあるのでは」と思われた方もいるかもしれません。前章と今回の結果から考察されるのは、どちらも「受かりそうかどうか」を意識するのは同じだけれども、「どの基準で受かると判断するか」に違いがあるということです。つまり、どちらも自分の「実力」の範疇の大学を選ぼうとは思っているものの、模試でD判定が出た時に、地方の女子学生には「自分の実力では受からないので、この大学は諦めよう」と考える人が多く、男子学生には「まだ狙える圏内だろう」と考える人が多いということです。

　次に、「偏差値が高いこと」と「合格する可能性が高いこと」のどちらをより重視している

図表5-2　「合格する可能性が高いこと」と「偏差値が高いこと」の重視度比較

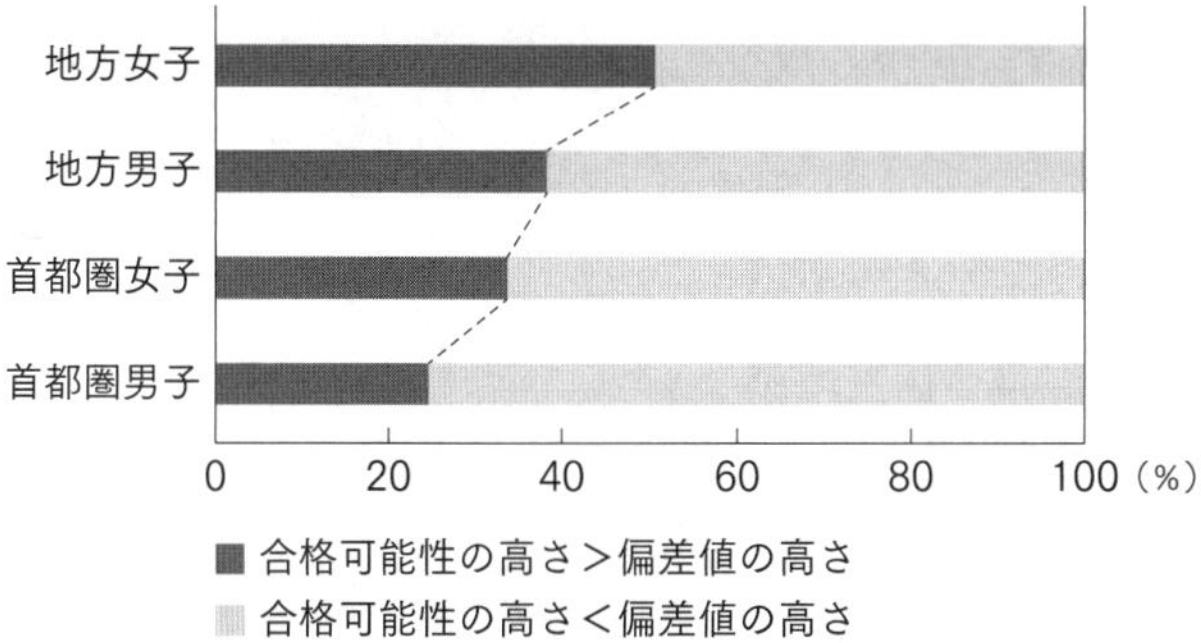

出典：筆者作成

のか、という観点から見ていきます。

図表5－2に示したように、「合格する可能性」を「偏差値の高さ」より重視すると答えた（順位を高くつけた）地方女子は50・8％と半数を上回ったのに対し、地方男子は38・5％、首都圏女子は33・6％、首都圏男子は24・9％といずれも大きく半数を下回りました。

ここから見えてきたのは、地方女子学生の著しい安全志向です。例えば、先述のように模試でD判定が出た時、地方の女子学生は「今から努力をしても合格できる可能性は低い」＝「自分には無理だ」と判断してしまうのも早く、さらに「無理かもしれないけれど、偏差値の高さにもう少しこだわりたい」とはならず、それが直接的な理由で志望校を下げる決断を下しやすい、ということです。逆をいえば、男子学生は、同じ結果を受け取っても、より楽観的に捉え、たとえ合格可能性が低いと感じても、それを理由に偏差値の高い大学を志望校から外すことはしない、ということになります。

ちなみに、大学のイメージという項目に関して、首都圏に比べ地方に、男子に比べ女子に、より強く「大学のイメージが良いこと」を意識する傾向が見られました。確かに、**図表5－3**の通り平均順位を比較してみると、地方女子・首都圏女子では「自分の学びたい分野に強いこと」に次いで重視されており、全体として「大学のイメージ」が重要視される中で、特に女子学生にとって重要なファクターであるといえそうです。

今回の調査だけでは、特にどのような「大学のイメージ」を高校生たちが重要視しているのかはわかりませんが、学内のダイバーシティ向上に向けて、大学のブランディングが肝要であることは間違いないでしょう。また、前述したような、難関大に対するメディアによる高難度イメージ・ステレオタイプの植えつけが高校生たちの志望校設定に強く影響してしまうことも、この分析から示唆されます。女子比率に悩む大学、特に国公立大学は、ブランディングに関し、いささか消極的なのではないかと感じます。このことを意識し、メディアに対抗できるくらい、地方の女子学生たちも歓迎する姿勢を強く押し出してほしいものです。

図表5-3　大学選びにおいて重視するポイント

		平均順位
地方女子	自分の学びたい分野に強いこと	1.70
	大学のイメージが良いこと	3.08
	合格する可能性が高いこと	3.45
	偏差値の高さ	3.49
	知名度があること	3.97
	実家から近いこと	5.30
地方男子	自分の学びたい分野に強いこと	2.05
	偏差値の高さ	2.97
	大学のイメージが良いこと	3.20
	合格する可能性が高いこと	3.63
	知名度があること	3.63
	実家から近いこと	5.52
首都圏女子	自分の学びたい分野に強いこと	1.89
	大学のイメージが良いこと	3.20
	偏差値の高さ	3.25
	知名度があること	3.96
	合格する可能性が高いこと	4.08
	実家から近いこと	4.62
首都圏男子	自分の学びたい分野に強いこと	1.98
	偏差値の高さ	2.71
	大学のイメージが良いこと	3.39
	知名度があること	3.90
	合格する可能性が高いこと	4.04
	実家から近いこと	4.98

出典：筆者作成

浪人回避の傾向

なぜ地方の女子学生は、高偏差値大学に進学することが有利だと感じながら、合格可能性が高いことをこれほど重視する（＝安全志向）のでしょうか。

その一つとして考えられるのは、根強い浪人回避傾向です。私たちの課題意識の原点でもある、地方では浪人する女子学生が著しく少ないというデータ（図表0−1）に表れているように、「浪人したくない」と考える女子学生がそもそも多いように感じます。「D判定だったから諦めよう、志望校を下げよう」の背景には、そのままチャレンジして、失敗することを避けよう＝浪人を避けようという思惑があるのではないでしょうか。

江森は、現役時代に東京大学受験に失敗し、そのまま浪人する選択をして地元の予備校に1年間通いました。当時、その予備校内には東大文系を目指す浪人生は5名いましたが、女子は私一人。理系も含めた東大志望は20名弱いたと記憶していますが、その中でも女子は私一人でした。これは東大志望に限らず、東大京大・早慶ＭＡＲＣＨなど全てを含んだ文系クラス・理系クラスで、ともに著しく女子学生が少なかったと記憶しています。

この、浪人に対して否定的な態度、つまり「多少合格可能性が低くても志望校を受験して、ダメだったらあと1年がんばろう」というチャレンジができない・しようとしない姿勢が全国の地方女子学生に等しく共通する傾向であるのならば、その改善が難関大学女子比率向上の鍵になるかもしれません。

今回、「志望校にこだわること」と「浪人を回避すること」のどちらにより重きを置くのかを比較するために、「自分が志望する大学に行くためなら浪人したいと思うか」を問う設問を設け、五件法によって回答してもらいました。

すると想定していた通り、地方女子と地方男子の間には顕著な差が検出されました（**図表5-4**）。やはり、地方の女子学生は浪人するくらいなら、志望校にこだわる必要はない、行ける大学に行けば良いというマインドセットでいる人が多いようです。

これについては想定していた結果でしたが、私たちが驚いたのは、この風潮が首都圏にも根強いという点です。グラフからもわかるように、首都圏女子も浪人肯定度はかなり低く、地方女子と数値的に有意な差は検出されていません。また、首都圏女子と首都圏男子の比較においても、5％の有意水準では棄却されたものの、10％まで裾野を広げると、有意といえる差がありました。今回の調査は首都圏男子のサンプル数が他の属性に比べ少なく、そのた

図表5-4　浪人肯定度

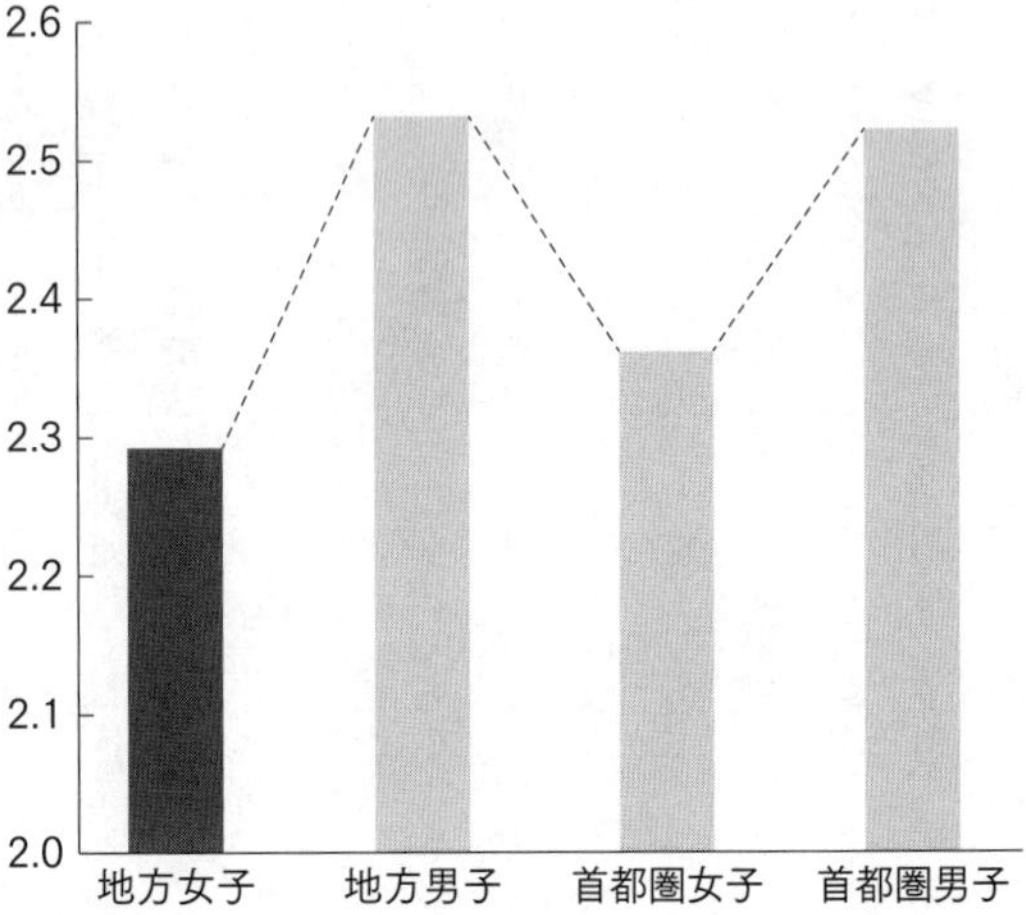

出典：筆者作成

めに5%で有意な差が見られない結果になってしまった可能性もあります。

以上を踏まえると、この浪人に対する否定的な態度は、地方の女子特有のものではなく、全国の女子に共通している傾向といえそうです。

調査上の欠点

ここからは、なぜ女子高校生が男子高校生に比べここまで強い浪人回避傾向があるのかを考察していきますが、その前にいくつか調査上の欠点について、振り返りたいと思います。

前記した「志望校選びについて何を

重要視するか」の設問も同様なのですが、本来であれば、実際に個人が何に着目して志望校選びや志望校変更を行うかを正確に知るためには、いくつかの仮想の設定を提示した上でどのような意思決定が行われるかを調べなければなりません。

例えば、仮想上のいくつかの大学を、偏差値・男女比・現時点での合格可能性・実家からの距離の項目を数値化しながら提示して、どの程度行きたいと思うかを測るなどがあります。また、その上で、第一志望から第三志望までを同様に数値化した上で、ある時期に（夏の模試など）ある特定の判定（B判定、D判定など）だった際、第一志望を諦めるという選択をするかどうかを測ることで、浪人回避傾向を説明するファクターを詳細に知ることができます。

今回、他にも質問項目が多く、時間の制約もある中だったため、これらを実施することは叶いませんでした。しかし、高校生の意思決定を探る上では非常に興味深い内容だと思っています。私たちがこのような調査を実施することが叶うのであればぜひ行いたいですし、関心を持っていただいた社会学者・経済学者の方などに調査や実験が波及していくことを強く望みます。

「コスト」を気にする女子学生、「リターン」を重要視する男子学生

さて、ここからはなぜ浪人しようと思う女子学生が少ないのかを考察します。一般的に挙げられる理由が、その「コスト」です。後にまた詳しく触れますが、親世代を中心に「女子が10代の1年を余分に受験勉強に費やすこと」に対して強い抵抗がある方が多く、それを言葉で直接的に伝えていなかったとしても、そのような態度が女子高校生に強い浪人回避傾向を形成している可能性があります。

一般的に浪人で得られるもの、つまり「リターン」は、上手くいけば志望校に進学できることに尽きます。場合によっては浪人1年分にかかった費用を上回るほどの生涯所得も期待できるでしょう。一方で、浪人することに付随して発生する「コスト」は予備校などに通う費用もさることながら、進学後に多くの同級生の年齢が一つ下になる、就職が1年遅れるなどが挙げられます。また、1年余分に勉強したからといって確実に現役時代より良い結果になるとは限らないという「リスク」を想定する方もいるでしょう。

以上の客観的に考えられる「リターン」「コスト」そして「リスク」に、男女で量的な大

差はないはずです。そうなると、男女でここまで浪人肯定度に差が出るのはむしろ質的な評価、つまり、「コスト」をどの程度気にするか（もしくは「リターン」と比した時にその差に価値を感じるか）、「リスク」をどの程度回避したがる傾向にあるかの二つだと考えられます。

ここからは、インタビューをもとに、浪人を回避しようとする学生や保護者がどのような考え方でいるのかを見ていきます。

まず、インタビューをする中で、金銭的な問題と受験勉強を継続したくないことを理由に浪人を回避しようとする学生が男女ともに多く見受けられました。

金銭的な問題に関して、「浪人はお金がかかる」と漠然と考えている方は保護者・学生問わず多いようです。「金銭的に余裕がある家庭ではなくて」という回答が散見されました。

一つ確認しなければならないのは、一般的には現役で私立大学に行くよりも、浪人して国公立大学に行った方が学費の総額は安くなる場合が多いということです。例えば、ＭＡＲＣＨの中で一番学費がかからないとされる学部でも４年間で４４０万円は下りません。早慶では安くて５００万円程度です。一方の国公立は４年間で２１４万円と、その差額は２２０万円以上です。1年間浪人して予備校に通う場合には約120万円かかりますが、それでもお釣りがくる計算です。また、実家から通える範囲に予備校がなく、寮に入って浪人する場合でも、都内では年間200万円程度かかるものの、地方であれば年間90万円程度であり、それを合算したとしても私立大学に進学するより良心的な金額になります。この事実を踏まえず、浪人はお金がかかるという議論がなされている場合が非常に多いように感じます。

その一方で、金銭的に国公立大学に現役で進学する以外に選択肢がなかったという学生、もしくは厳しい大学受験勉強を強いられることに辟易し浪人を選択しない学生も存在し、ここに顕著な男女の違いは感じ取れませんでした。ここからは、男女で違いが見られた意見について、女子学生やその保護者がどのような部分に「コスト」を感じているのか、さらに、浪人を選択する男子学生とは、どのような違いがあるのかを探っていきます。

・「周囲からの逸脱」というコスト

現在お茶の水女子大学の大学院に通われているNさんは、都内の私立高校に通い、現役時代に東京大学を受験しましたが、残念ながら合格には至らず、後期日程で合格したお茶の水女子大学に進学しました。Nさんは、比較的頑固な性分だったそうで、東大志望だった周囲がセンター試験の結果を受けて志望校を変更していく中、東大受験を諦めませんでした。そんな彼女ですが後期日程の合格発表後、浪人する選択はせずに、お茶の水女子大学に進学します。ご自身の中に浪人という選択肢は端《はな》から存在しなかったそうです。

現役の時に第一志望に受からなければ、諦めるのがあたりまえ。なぜ女子学生の間でそんな規範が共有されているのか。その原因を、「周囲から逸脱する怖さ」だとNさんは話してくれました。

現役で大学に進学し、大学院と併せて6年でストレートに卒業する、その上で適齢期に結婚・出産をする。この暗黙のうちに敷かれたレールから逸れるだけの価値を信じられないことには、浪人や留年などの選択はできない。今でこそ、1年のビハインドなんて大したことではないと思えるものの、誰に言われたわけでもなく「浪人すると婚期や出産適齢期を逃す」という言説を信じ、大学院進学を想定している自分の場合は特に、1年遅れることはできないと考えていたそうです。

さて、Nさんの場合、「敷かれたレール」はなんとなく感じていたものであり、保護者の方に浪人を反対されるという経験はなかったそうですが、実際に「浪人すると婚期や出産適齢期を逃す」という言説を信じ、浪人を反対する保護者もいます。

・浪人したらいき遅れるという心配

Mさんは、関西の公立進学校に通う高校3年生の女子学生です。大阪大学の法学部を志望しており、勉学に励んでいます。Mさんのご家庭では浪人は禁止されていて、滑り止めに複数の私立大学を受験予定です。今回、母親にお話を伺う機会を得たため、なぜ浪人を止めるのかを聞きました。

最初に出てきたのは、金銭面の不安でした。先ほど述べたように、現役で私立大学に進学するのであれば、浪人して国公立大学に行く方が経済的です。私たちがこの事実に触れると、Mさんのお母様も保護者会等で聞いてすでに知っていると答えました。

つまり、浪人に反対する本当の理由は、金銭面の不安ではなかったのです。詳しく聞いてみると、「子育てなどを考慮すると1年遅れることが後々ネックになるのではないか」といった不安を口にしました。

「子育てには体力が必要になるので、娘には若いうちに子育てをしてほしい。だから、男の子は浪人をしても良いかもしれないけれど、娘には浪人をしてほしくない」

お話の中で見えてきたのは、子育てを女性特有のライフイベントだとする価値観の上に成り立つ、漠然とした焦り・不安でした。

　1年浪人したからといって、結婚や出産の時期が大きく変わるわけはありません。このような、曖昧なイメージに基づいた保護者の焦りのもとで、女子学生は浪人という選択肢を取ることができず、志望校を下げざるを得ない結果に至っています。

　さて、女子学生とその保護者のインタビューから、合理的とはいえない理由で浪人という選択肢を与えてもらえない女子学生の存在や、いつしかそれ以外の選択をすることに対して恐怖を抱いてしまっている女子学生の様子がわかってきました。次に、男子学生のインタビューからそのマインドセットの違いを明らかにしていきます。

・納得がいく努力をしたかった

　現在東京大学文科三類1年生、埼玉県の浦和高校（男子校）出身のTさんは、現役時代に前期日程で東京大学を受験し、不合格だったものの後期日程で北海道大学を受験し見事合格しました。ただ、大学が始まる直前まで北海道大学に進学するつもりだったところを思い直し、浪人を選択したそうです。その理由を「現役時代、納得いくまで勉強できておらず、ベストを尽くしたという感覚がなかった」からだと教えてくれました。父親も浪人経験があったことや、周囲に浪人を選択する同級生がいたことも後押しとなり、浪人という決断に至ったそうです。

先ほどのNさんの例と比較すると、浪人を「敷かれたレールからの逸脱」と捉えるか「自分の限界にチャレンジするチャンス」と捉えるか、そのマインドセットの違いは明らかです。しかし、もちろん、性別の違いがその理由である必然性はなく、その理由であって良いわけがありません。女子学生全体が持つ、浪人に対する「コスト」＝否定的なイメージを改善し、自分の望む将来を実現する一つの選択肢として男子学生同様前向きに捉えられる風潮に変えていかなければ、浪人する女子学生の人数をはじめ、志望校を高めに設定する女子学生の人数も増えることはありません。

もちろん、以上は個々の事例であり、女子学生で浪人を積極的に選択した人も、男子学生で周囲に反対され浪人を選択できなかった人もまたいることと思います。重要なのは、事実として浪人を選択する男女比には大きな偏りがあり、これらの事例が、明文化されていない圧力や傾向、ステレオタイプが要因である可能性を示唆している、ということです。

「リスク」の大きさについて

浪人を検討する上で避けては通れないのが、そのリスクの検討です。あたりまえですが、1年間一所懸命に勉強したとしても、１００％受かるわけではありません。受験はその場の運のような部分も多々あるので、現役時代に受かったところに浪人して確実に受かる保証もありません。

それ以外に、そもそも1年間勉強漬けの日々を乗り切れるか、高校の同級生が大学生になって新生活を送っているのを横目に勉強し続けられるか、未来の自分を信じて意思決定をする必要があります。

しばしば、「男の子はあと伸びするから見込みがある」「女子は体力がないから受験や浪人に不向き」のような言説を耳にします。先ほどの浪人を選択しなかった女子学生の話にも、女子学生間では浪人が「逸脱」とされるとありましたが、これらの言説がまことしやかに流布することで、過度に女子学生の浪人はリスキーだという考えに至ってはいないでしょうか。

「あと伸び」の話はおそらく、高校時代に部活動に熱心に取り組んできた学生が、その熱量をそのまま勉強に向けるために、学力が飛躍的に向上する、という傾向が根拠になっていると思いますが、それは男子学生に限った話であるはずもなく、女子学生であっても同じことです。「女子は体力がないから」という話も、そのまま鵜呑《うの》みにせずに、検討する必要があります。勉強に必要なのは、どれだけ動けるかといういわゆる「体力」よりもむしろ、どれだけ集中して机に向かえるかのいわゆる「勉強体力」だと考えられます。どれだけ考え続けられるかの「思考体力」に近いかもしれません。高校時代までコンスタントに机に向かえていた受験生であるならば、浪人したとしても、それを続けられるポテンシャルがあると考えるのが普通でしょう。

浪人には「根気強さ」や「自分を律する力」が求められ、向き・不向きはあると思いますが、それを「女子だから」というだけの理由で選択肢から除外するのはあまりにも短絡的ではないでしょうか。

「チャレンジ」への抵抗

浪人には、二つのパターンがあります。残念ながら受けた大学全てが不合格だった場合と、先ほど紹介した男子学生のように、受かった大学はあるけれども納得がいかず、志望大学に行くためにもう1年勉強する決断を下す場合です。

江森が浪人した時、予備校にいた女子学生で後者を理由に浪人している人はほとんどいませんでした。ここから、女子学生は、合格した大学に納得がいかずに浪人する選択肢は取らない傾向が見えてきます。

この理由としてコスト・リターンの話の他に、ジェンダーステレオタイプによる心的ハードルがあるのではないかと話してくれた学生が私たちの団体にいました。上昇志向を強く持つ姿勢、いってしまえば「野心的な」姿勢が女子にそぐわないという無意識的な忌避感があるのではないか、というのです。

確かに、現在までのジェンダーステレオタイプの研究で、教育水準にかかわらず、「野心的」「競争的」「自信がある」といった特性は男性に望ましいという感覚が男女ともに存在することがわかっています。[15] 実際、2019年に日本の民間企業の管理職2527名（男性66%、女性34%）に対して行われたオンライン調査でも、男性の特性としての望ましさと女性の特性としての望ましさを比較したところ、「野心的である」「競争的である」「プレッシャーに強い」などに顕著な差が見られたそうです。[16] 実際、女性よりも男性の方が競争を好むという研究結果も存在します。[17] つまり、こういったワードは男性には望ましく、女性には望ましくない・望まれていないということになります。

「浪人をしていることで、周囲に野心的だと思われるから……」とまでの明確な理由でないにせよ、女子はそういうものではない、女子がそういう態度でいるのは変だ、というジェンダーステレオタイプやバイアスが、そもそも志望校を下げるだけでなく、無意識に浪人をしない・浪人はするものではないという感覚に結びついている可能性も否定できません。

ジェンダーステレオタイプは非常に根深く、簡単に修正できるものではありませんが、浪人は男子学生だけの専売特許ではないですし、浪人することでその人の評価が下がることは決してありません。むしろ、継続的に努力できることは男女関係なく評価されることです。

大切なのは、どこの大学に行きたいのか、何を勉強したいのか、どんな将来を描きたいのか、どんな自分になりたいのかです。周りの評価やジェンダーステレオタイプに左右されることなく、まずは自分の望む将来像に正面から向き合ってほしいと切実に思います。

浪人は苦しいのか

最後に、世間でよく言われる「浪人は苦しい・辛い」という言説について触れたいと思います。江森の私見的な部分もありますが、どうかお付き合いください。

結論からいうと、浪人は苦しいばかりでも辛いばかりでもありません。

確かに、高校3年生に比べ、絶対に受からなければならないというプレッシャーを感じることは多いですし、不安になったり、誘惑に負けて怠けそうになったりする局面が少なからず訪れ、それに打ち勝つ精神力が必要です。

しかし、孤軍奮闘の日々だったかというと、そんなことはありません。予備校などに入れば、周囲には、同じように志高く努力する学生がいます。そういった友人は1年間ともに戦った、まさに戦友といったところで、大学に入った後も変わらない信頼関係を築けるはずです。予備校以外にも、インターネット上を探せば同志は数えきれないほどいます。

さらに、学校行事もありながら、受験への対策時間も十分とはいえない地方高校3年生の1年間は、よくわからないままがむしゃらに勉強していたら終わっていたなんてことがほとんどでしょう。それに比べ、浪人期は十二分に時間があるため、良い意味でも悪い意味でも自分と向き合う時間が必ず生まれます。自分はなぜその大学を目指しているのか、何のために勉強しているのか。もう一度自分を見つめ直し、自分のモチベーションを再確認する良い機会と捉えることはできないでしょうか。

実際、浪人時の結果にかかわらず、周囲で、浪人の1年が無駄だった、浪人なんてしなければよかった、という話は聞いたことがありません。念願叶い志望校に合格できた人、かけがえのない友人関係が築けた人、自分の将来の方向性が定まった人、自分を律する経験ができた人。どの人にとっても浪人という経験は一生で二度と味わえない経験であったはずです。

私たちの団体ホームページの記事に、実際どんな生活をしていたのかなどの「浪人生活のリアル」を投稿しています。浪人は苦しく辛いばかりなのではないかと思っている人こそ一読いただき、その上で自分にとって浪人はありかなしか判断するのでも、遅くないと思います。

第6章

保護者からの期待のジェンダーギャップ

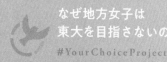

これまでの章では、「地方女子学生が偏差値の高い大学を志望しない」理由について、本人の意識に基づく様々な要因を紐解いてきました。しかし、地方女子学生に特有の傾向は、彼女ら自身だけに原因を求めることはできません。進学に関する本人の意思決定が保護者や周囲の人に影響を受けることはもちろん、意思決定そのものが保護者や周囲の人によってなされていたり、強い圧力を受けていたりするケースも多くあります。そこで、第6章と第7章では、進学に関する意思決定の過程で外部から受ける影響を解き明かしたいと思います。

保護者からの期待の偏り

本書の冒頭でも述べた通り、川崎の母校では、保護者の方が女子学生に対して難関大学に進学することを期待しない雰囲気がありました。実際、「女の子なんだから、そこまで良い大学に行く必要はないんじゃない?」「浪人しなくてもいいんじゃない?」といった保護者世代からの発言は、私たち自身もよく耳にしてきました。母校の同級生にも、「女の子はそこそこの大学に行った方が結婚しやすいと親に言われた」と、文転して女子大に進学した学生がいたことを思い出します。保護者がそのように考えていると、「浪人させない」「東京大学などの特定の大学に行くことを禁止する」など進路の選択肢がなくなるという帰結を招きます。それだけではなく、直接的な言葉でなくても、日頃から投げかけられる言葉から期待されていないことを感じ取り、もしくはそういうものだと思い込み、女子学生自身が難関大を目指さなくなることも考えられます。進路指導の先生が生徒に浪人を勧めても、本人が拒否するという事例をよく聞きますが、その中には保護者の影響があるケースも少なくないはずです。

高校までは可能な限り偏差値の高い高校に通わせていても（今回の調査対象となっている高校は基本的にその地域で最も偏差値の高い高校です）、そのようなバイアスを持つ保護者の方々は、大学受験の段階になると途端に、偏差値の高い大学に行くことを自分の娘に期待しなくなるのではないか。そしてその影響を受け、地方の女子学生は自分の実力よりも低めの志望校設定をするのではないか。

そのような仮説から、私たちは高校生が感じる保護者の方からの期待度を男女・地域で比較してみることにしました。設定した設問は「保護者からできるだけ偏差値の高い大学に行くことを期待されていると思うか」です。生徒には五件法で回答してもらいました。本来であれば保護者の方に直接聞くべき項目ですが、保護者の方にまで調査協力を仰ぐことは難しく、また今回は学生自身がどう感じているのかが焦点となるため、学生に保護者の方から感じる期待の度合いを聞くにとどめました。

結果として、首都圏女子と首都圏男子の間には平均値の差がなかったのに対して、地方女子と地方男子には顕著な差が見られました。このデータから明らかになったのは、次の二つです。

① 首都圏では男子学生と女子学生で保護者から「偏差値の高い大学に行ってほしい」という期待をどれくらい感じているかは変わらない
② 地方では女子学生の方が男子学生よりも保護者から「偏差値の高い大学に行ってほしい」という期待を感じていない

私たちの仮説は正しかったといえるでしょう。地方では保護者の期待に見られるジェンダーギャップが首都圏よりも大きいことが明らかとなったことで、私たちは「地方の保護者の意識変革へのアプローチをしなければ」と考えるようになりました。保護者層のジェンダーステレオタイプ・バイアスに関しては本章後半で詳説します。

保護者の期待は本人に影響するのか

さて、期待の度合いに差があることは示すことができましたが、保護者からの期待の違いで、本人たちが偏差値の高い大学を志望する度合いが変わるかは改めて検討しなければなりません。

そこで、私たちは第2章で取り上げた「偏差値の高い大学に行くことは自分の目指す将来にとって有利だと思うか」という設問と、前述の「保護者からできるだけ偏差値の高い大学に行くことを期待されていると思うか」という設問の回答から、その関係を明らかにしようと試みました。具体的には、保護者の期待度（5段階）ごとに、高校生の志望度の平均値を出し、保護者の期待度が上がることで偏差値の高い大学に行くことを有利に感じる度合いが上がるか、さらにそこに差があるといえるかどうかを調べました。

男女、地域関係なく、全ての学生のデータからこれらを検討した結果が、**図表6－1**です。学生が偏差値の高い大学へ行くことを有利に感じるかどうかは、保護者に期待されるかどうかに強く左右されていました。つまり、学生は、保護者から偏差値の高い大学に行くことを

図表6-1　高偏差値大学に進学することの重要度と保護者からの期待の関係

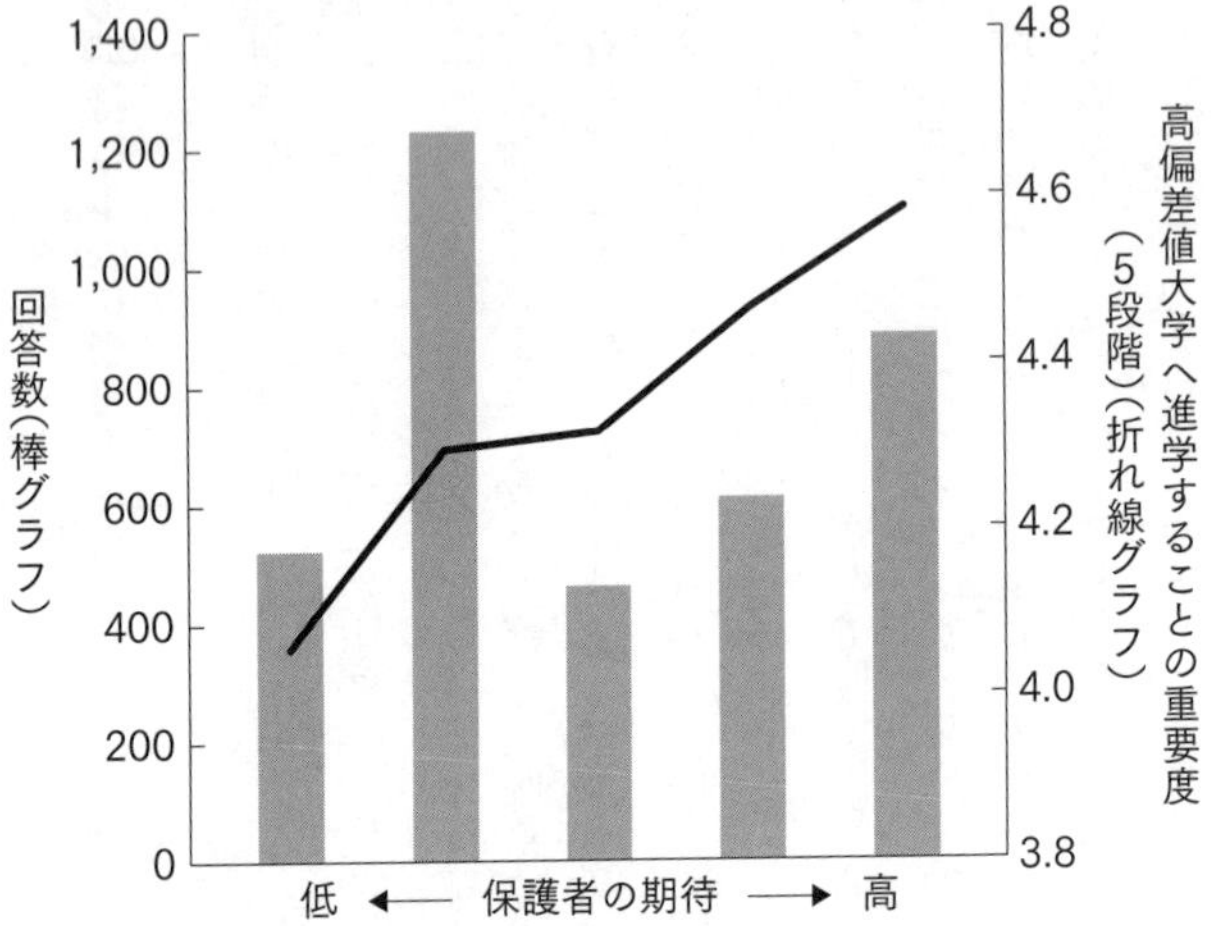

出典：筆者作成

期待されていると感じていればいるほど、自分自身も偏差値の高い大学へ行くことを有利に感じていることがわかったのです。

調査結果をもとに、ここでは実際、保護者は地方の女子学生にどのようなことを期待し、どのような影響を与えているのか、取材に回答してくれた女子学生の例を取り上げて考察していきたいと思います。

・兄と妹への異なる期待

兵庫県出身のKさんは、保護者

からの期待に兄との大きな違いを感じたと言います。Ｋさんには二人の兄がいます。兄二人は小学生の時から塾に通って中学受験をし、難関中学・高校に進学しましたが、Ｋさんは小学校から大学までエスカレーター式の学校に入学し、塾に通ったことはありません。そして、兄二人は大学受験をし、いわゆる最難関大学に進学。Ｋさんは指定校推薦で東京の私立大学に進学しました。

Ｋさんは中学・高校時代、かなりの好成績を収めていましたが、母親からは系列の大学に進学することを強く勧められていたと言います。しかし、Ｋさんの学力を見た友人や先生から、Ｋさんであればもっと難関大学を選択肢に入れても良いはずだと説得されて考え直しました。塾に通って大学受験をすることも考えましたが、兄二人の受験を見ていた母親から「受験は大変だ」と反対されたこともあり、塾には通わず指定校推薦の中で最も偏差値の高い私立大学を目指すことにしたそうです。

Ｋさんは、兄二人と自分では異なる期待をされていた、と言います。Ｋさんの保護者は、兄二人には「家計を支える大黒柱、エリート」としての期待をしていたのに比べて、Ｋさんに対しては「従順で優しい、尽くす女性」像を期待していました。その根底には、「女性はこうあるべき」というジェンダーステレオタイプが見て取れます。

・「女の子なんだから、そこまで上を目指さなくても」

先ほども述べた通り、今回の定量調査で明らかになったのは、生徒自身が保護者から偏差値の高い大学へ行くことをどれだけ期待されていると感じているかに男女で違いがあるということです。そこで、定量調査では聞くことが叶わなかった実際の保護者の方の思いを、インタビューを通して聞いてみました。

Tさんは、奈良県出身の東京大学2年生。彼女は、東大受験に関して保護者から強い反対を受けたと言います。

Tさんの母親に話を聞いてみると、「なぜそこまで良い大学に行かないといけないのかがわからなかった」と言います。Tさんは塾の先生から「大阪大学は確実に受かるが、東京大学だと少しがんばらないと」と言われていたそうです。大阪大学ではなくて、東京大学を目指したいというTさんに対して、お母様は「大阪大学だって十分良い大学なのに、そこまでがんばる必要ないんじゃない?」と声をかけました。

「男の子であればそのような声かけをしていなかった。応援していた」。Tさんのお母様はこの時のことを振り返ってそう言います。男性であれば、少しでも良い大学に進学した方が社会に出た時に有利に働くけれど、女性はそうではない。その具体例として、「女性は結婚する時に、自分よりも年収の低い男性からは好かれない」ことを挙げました。女性は高学歴・高年収だと結婚ができない、したがって東大女子はモテない・結婚できない、というのです。

　これはよく聞かれるステレオタイプですが、実は「東大女子は結婚できない」は全くの誤りで、むしろ東大卒女性の既婚率は一般に比べて高い傾向にあります。東京大学ＯＧの集まりであるさつき会が行った２０２１年の調査[18]によると、１９７６年から１９９５年生まれの日本女性の既婚率が６割近くなのに比べて、ほぼ同じ年代の東大卒女性は８割近くが既婚です。晩婚化・共働き化している現代において、「東大女子は結婚できない」は根も葉もない話でありながら、地方だけに限らず、保護者世代の間では未だにこのようなステレオタイプが共有され、東大受験への反対という帰結を招いているのです。

子どもへの教育投資のジェンダーギャップ

ここまでは、保護者から偏差値の高い大学に行くことをどれだけ期待されるかに男女差があり、それが本人の進学意識に影響を与えていることを説明してきました。

この、保護者の期待度のジェンダーギャップが、実際に子どもの教育にどれだけお金をかけるか、いわゆる教育投資の金額という形で如実に表れるケースもあります。学習塾などの学校外教育にかけるお金・大学の学費（私立に行かせるか行かせないか）・大学時代の生活費（一人暮らしをさせるかさせないか）など、大学進学に関してお金の問題は非常に大きく、「親からどれだけお金をかけてもらえるか」で本人の取れる選択肢の幅や志望校に行くために必要な努力量はかなり異なります。

実際、文部科学省が実施した「令和3年度子供の学習費調査」によると、通塾費用や参考書の購入費などを含む「補助学習費」は、小学校・中学校・高校の各段階において、男子の方が金額が高くなっています。例えば、全日制公立高校の男性の補助学習費の平均が19万6900円なのに対して、女性の補助学習費の平均は14万5614円で、およそ5万円程度の違いがあるのです。

・「女子に学費はかけられない」

福岡県出身のCさんの家庭には、強いジェンダーステレオタイプがはびこっていて、保護者からの教育投資には男女で大きな違いがあったと言います。

Cさんには２つ上の兄と、２つ下の弟がいます。兄と弟は、中学から進学塾に通っていましたが、Cさんが「塾に通いたい」と訴えても、「自分でなんとかしなさい」と聞き入れられませんでした。Cさんの兄は首都圏の私立大学薬学部に進学しましたが、Cさんは「女子に学費はかけられない」と言われて私立大学および地元外への進学や浪人を一切禁止されていたそうです。この時点で保護者からの教育投資に大きな男女差があることは明らかで、地方女子学生で同じような経験のある人も一定数いることでしょう。しかし、Cさんの話にはさらに続きがあります。

「福岡県内の大学に行かないのなら就職しなさい」とまで言われていたCさんですが、自らの強い意志で親に無断で広島大学総合科学部を受験し、合格することができました。しかし、県外での一人暮らしとなったCさんは、学費の一部は祖母から出してもらっているものの、その他の学費や生活費は全て奨学金とアルバイトで賄っているそうです。一方で、首都圏の私立大学薬学部に通うCさんの兄は、学費も仕送りも、保護者が負担しています。Cさんが頑張って貯めたアルバイト代から、兄への仕送りが引き出されることもあるそうです。また、わずかながら学費を出してくれているCさんの祖母は、門限を18時としたり、髪の毛を染めてはいけないといった厳しい規律をCさんのみに課しています。

Cさんが、このような家庭の状況がおかしいということに気がついたのも最近のことだと言います。Cさんの家庭は親戚も含め先祖代々同じ地域に住んでおり、親戚で大学に進学した女性も、福岡を離れた女性も一人もいません。「女性が大学に行く必要はない」という価値観を小さい頃から刷り込まれて育ったCさんは、首都圏の大学のオープンキャンパスに行くことでさえ、「どうせダメだろうな」と思い、言い出せなかったそうです。

この時代にこんな家庭があるなんて、私たちも聞いて驚きを隠せませんでした。Cさんはたまたま強い意志を持っていたため、広島大学に進学することができましたが、従順で疑問を持たない学生であれば大学に進学していなかった可能性もあります。ここまで極端な事例は多くはないかもしれませんが、女子に男兄弟ほど教育投資をしないという家庭は少なくないでしょう。家庭の事情でどちらかしか私立に進学できない／東京に進学できない、などとなった場合に男兄弟が優先されるケースは残念ながら、未だに少なくありません。

男子学生に投資した方が「得」なのか

実は、この「教育投資のジェンダーギャップ」という問題には、「女性は結婚して離職する」という前提に立つと、女子学生よりも男子学生に投資した方が経済的という実状が潜んでいます。

ＯＥＣＤの調査によると、日本の高等教育修了者の私的正味収益（大学卒業後の生涯年収から、大学の学費や高卒で働いていれば得られたであろう収益などを引いたもの、つまり大学進学によって個人が総合的に得られる経済的な利益のこと）は、女性が男性のおよそ9分の1で、この男女差はＯＥＣＤ諸国の中で最も大きいそうです。[19] これは女性が結婚や出産を機に離職したり、非正規雇用に切り替えたりするケースが多いことが要因として考えられ、これ自体が解決するべき問題です。これにより、保護者が「娘は結婚して退職・離職する」という前提に立っている場合、男女の子どもがいても、息子の方によりお金をかけることは、一見合理的な判断に思えます。

しかし、「娘は結婚して退職・離職するだろう」という前提は、難関大学に進学した場合でも正しいのでしょうか？

「東大卒業生のキャリアに関する調査[20]」によると、結婚・出産を経験しているであろう1981〜1990年生まれの女性のなかで、パート・アルバイトや派遣社員・契約社員等の割合は10％にも満たず、ほとんどの女性は正社員や役員・経営者として働いています。つまり、先の前提が常に正しいとは限らないのです。

保護者にこそ変化を

これまで述べてきた通り、私たちは保護者の差別的なジェンダーステレオタイプが女子学生の進路選択の幅を狭めていると考えており、そういった意識を変えたいと強く思っています。

2022年に東京都によって行われた「性別による無意識の思い込み（アンコンシャス・バイアス）に関する実態調査」によると、児童・保護者・教員のうち、「性別で向いている仕事と向いていない仕事があると思う」「男の子／女の子だからと思うことがある」などについて、保護者が特に「そう思う」割合が高かったそうです（図表6−2）。保護者のジェンダーステレオタイプがいかに根強いものであるかがわかります。

子どもは、親の教育期待の影響を受けるだけではなく、価値観や考えも継承します。親から子へとジェンダーステレオタイプは受け継がれていき、さらにその子どもへの教育期待の偏りとなって現れます。この負の連鎖は、強い覚悟を持って、ここで断ち切らねばなりません。

「性別に基づくアンコンシャスバイアス」（ジェンダーステレオタイプやバイアス）の解消の必要性については国も認識しており、「女性版骨太の方針２０２３」にはアンコンシャスバイアス解消のための取り組みがいくつも含まれています。しかし、残念ながらそのほとんどが企業の管理職や学校の教員等を対象にしたものであり、保護者へ働きかける必要性については全く触れられていません。「法は家庭に入らず」という格言があるように、行政が家庭に入っていくこと・保護者にアプローチすることは非常に難しいことだとは思いますが、事の重要性・喫緊性を鑑み、今後の取り組みを期待します。

図表6-2　保護者の抱えるジェンダーステレオタイプ

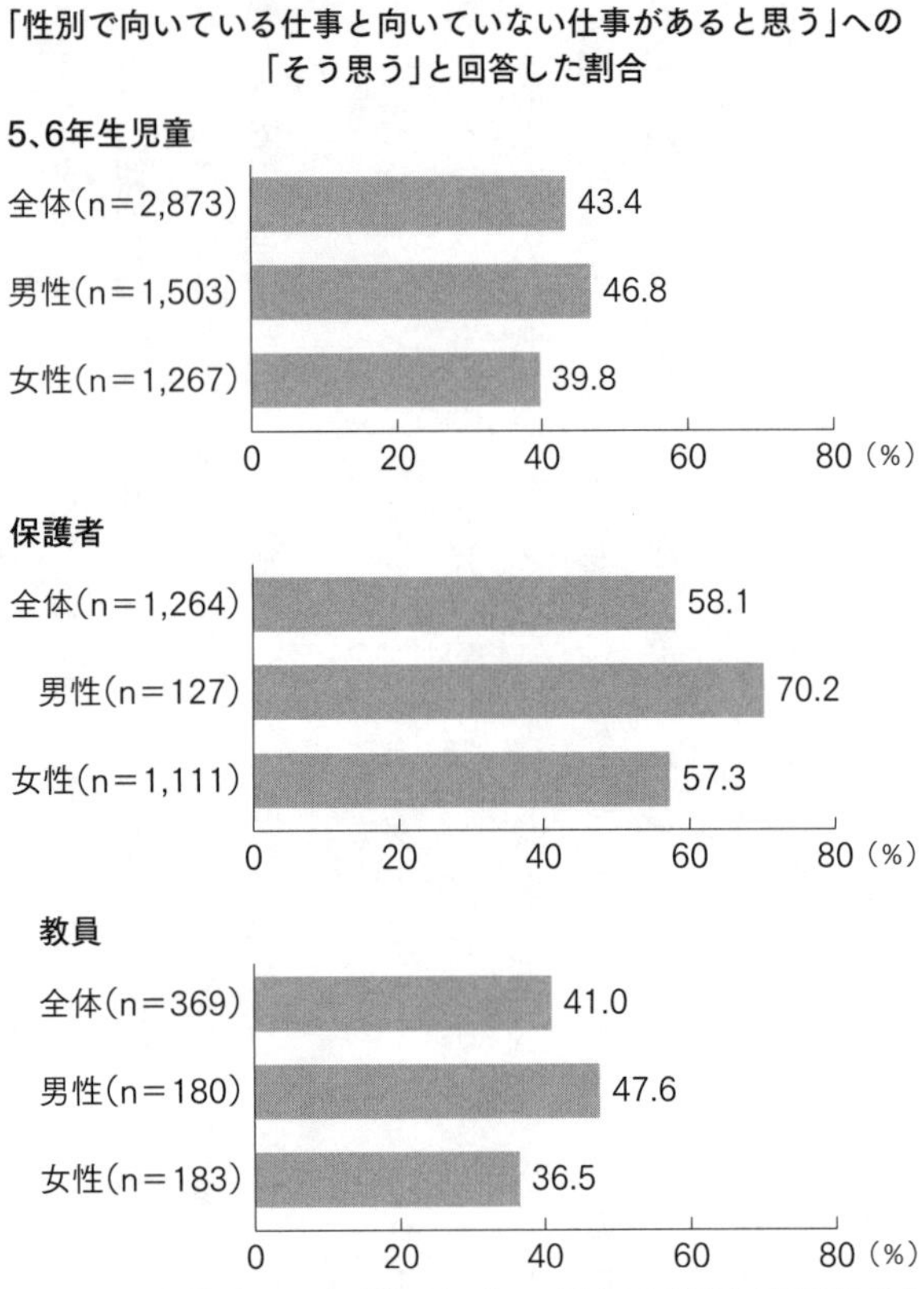

出典：令和4年度 性別による無意識の思い込みに関する実態調査（東京都生活文化スポーツ局）

第7章

「女子は地元」に縛られて

第7章では、地方と首都圏の女子学生の境遇を物理的に分かつものとなっている地理的要因について掘り下げたいと思います。

「女の子は地元にいた方が安心でしょ」「女の子を東京に出すと戻ってこないから」などの考えから、首都圏の大学に進学することや、実家を離れて一人暮らしをすることを反対されたり、暗に地元の大学に進学するよう方向づけられたりする女子学生は少なくありません。本章では、このような「地元志向」が地方女子学生の傾向として実在するのか、そしてそれが地方女子学生にどんな影響を与えているのか、地方特有の課題について考えていきたいと思います。

残存する「女子は地元」の呪縛

「可愛い子には旅をさせよ」とはいいますが、実際旅をさせる親はどれほどいるでしょうか。親としては、娘の生活に目が行き届かないのは不安だ、娘の身に危険が及ぶ可能性は少しでもなくしたいと考える方も多いかもしれません。そういった、子どもを思うゆえの保護欲——時に過保護という言葉で評されたりもする——は、息子以上に、娘に対して強く働くケースが多いように思います。先行研究によると、父―娘の関係では、受容的統制型（過保護型）」「受容的自律型（甘やかし型）」が父―息子の関係に比べて多いそうです。[21]この保護欲の表れとして、保護者が女子学生に対して、男子学生よりも強く「地元に近い大学に行ってほしい」と考えていても不思議ではありません。

実際に、地元を離れて首都圏の大学に進学した私たちの周囲には、それ以上の大学を目指すだけの実力があるにもかかわらず、「実家から近いから」というだけの理由で志望校を決める同級生がたくさんいました。もちろん、中には実家にいたいからと自発的に実家暮らしを選んだ同級生もいますが、多くは周囲や保護者の影響を受けてそのような意思決定に至っていたように思います。川崎の地元には特に「地元に残った方が良い」という圧力や空気感が漂っていました。進学先が東京大学に決まった時、「東京で一人暮らしなんて、親御さん心配するでしょう?」「男の子はいいけど、女の子は心配よね」と言われたこと。同級生が、「本当は東京の大学に行きたいけれど、親が反対するから地元の大学に行こうかな」「一人暮らしするにしても、できるだけ実家に近い大学に行く。その方が親も安心するから」と言っていたこと。そのような一つ一つの経験から、保護者は娘を親元から離したくない傾向にあるのではないかと考えました。

その傾向を明らかにするため、「保護者の方から、できるだけ実家に近い大学に行くことを期待されていると思うか」という設問を設定し、五件法で回答してもらい、地方女子／地方男子で平均値を比較しました。

結果、保護者の方から実家に近い大学に行くことを期待される度合いについて、地方女子は地方男子に比べて有意に高いことがわかりました。「女子学生は男子学生に比べて、地元に残ることを強く求められる」という私たちの仮説は正しかったということです。

さらに保護者の方から実家に近い大学に進学することを期待される度合いと、大学選びの時に「実家に近いこと」をどれほど重視するかの関係を調べると、保護者から実家に近い大学に行くことを期待されていると強く感じていればいるほど、志望大学を決める時に「実家に近いこと」をより重視するという結果が出ました。このように、保護者から強い期待を受けた女子学生が（意識下・無意識下によらず）地元の大学を志望校に選び、本当は目指せたかもしれない無数の大学を選択肢に入れないまま受験に至るケースは、地方の家庭で今、あたりまえに起きていることです。

不安の裏にあるもの

地方の保護者は、なぜここまで女子学生に地元に残ることを期待するのでしょうか。筆者・川崎の母校には、実際に地元に残ることを期待する保護者が多くいました。親同士の会話の中でその理由とされていたのは、「女性の一人暮らし」の犯罪被害に対する心配でした。一人暮らし女性の犯罪被害がニュースで取り沙汰されるたびに、その話題になり、「やっぱり一人暮らしは嫌よね」に落ち着いてしまう……。親同士の会話の中で、そういった考えが助長されている可能性も考えられます。この不安に対しては、そもそも「一人暮らしの方が実家暮らしより危ないのか」という点について事実確認が必要です。

女性の一人暮らしがこれほどまでに心配される背景には、おそらく女性の被害者数が男性に比べて圧倒的に多い「性犯罪被害」への不安があると考えられます。しかし、果たして性犯罪被害は、一人暮らしをしないことによって防止できるものでしょうか？

福岡県における性犯罪事例[22]を見ると、性犯罪の発生場所のうち、一人暮らしであることによってリスクが上がると考えられる「自宅内被害」は全体の9・14％に過ぎません。そもそも性犯罪の75％が屋外で起こっており、一番多いのは路上での被害です。つまり、性犯罪被害を防ぎたいのであれば、「一人暮らしをさせない」よりもむしろ「通学距離を短くする」「大学の近くに住まわせる」ことの方が有効だと考えられます。一人暮らしをしないために実家から2～3時間かけて通学したり、最寄り駅から遠い場所に住んだりすることの方がむしろ危険といえるでしょう。

「一人暮らし女性は窓や鍵、洗濯物などに気をつけるべきだ」といった防犯情報によって、一人暮らしの女性が自宅内で被害に遭う可能性が一番高いかのように捉えられがちですが、データを見る限りではそうではない、という点に留意しながら判断していただきたいと思います。

さて、犯罪被害への不安の他に、もう一つ保護者が女子学生に地元に残ることを期待する理由として考えられるのが、子どもが自分の管理下を離れること、「目が届かなくなること」への忌避感です。

東京大学に通うYさんは、一人暮らしに対して保護者から強い反対を受けていたと言います。

Yさんの母親には常に娘の動向を把握しておきたいという思いがあり、一人暮らしなどもってのほかと考えていたそうです。Yさんが日頃から積極的に家事に取り組むタイプではなかったことから、「一人暮らしなどできるわけがない」という不安もありました。Yさんに関しては、成績が良かったことと学校の先生の説得もあり、東京大学への進学が無事認められましたが、このような保護者の態度で諦めてしまう学生もいるはずです。

現在でも、母親はYさんの居場所を位置情報アプリで確認しており、帰りが遅くなると連絡が来るそうです。

このような保護者の不安や束縛傾向は、たとえ子どもを大切に思うがゆえのものであったとしても、結果的に子どもの進路の選択肢を狭めています。大切なのは、その事実を保護者自身がしっかりと認識することです。子どもを守ってあげたい、心配だ、管理下に置きたいという気持ちと、それによって奪われている進学選択肢と、どちらが果たして子どものためになるのかは今一度考えていただきたいと思います。

「東京は危ない」のか

ここまで、地方女子学生が実家に近い大学に行くことを期待されるという話をしてきましたが、実は、地方の保護者や学生にとって、単純に「地元を離れる」ことと「東京に行く」ことでも、意味合いは大きく異なります。実際、熊本県出身の東京大学のある女子学生は、当初「福岡までなら出ていい」と言われていたそうです。実家から離れるという点では同じでも、実家に比較的近い都市圏への進学と、東京圏への進学では異なるハードルがあるかもしれません。

川崎が地方の高校を訪れた際に、「東京に出たら殺されるんじゃないか」「そんな危ないところ行けない」と言う女子学生に多く出会ったことから、女子学生は「地元を離れる」ことよりもむしろ「東京」という町に対して特に不安を抱いているのではないかと考えました。

そこで、「大学進学のために地元を離れることに抵抗はありますか」「大学進学のために上京することに抵抗はありますか」の2問を五件法で地方学生に問い、地元を離れることへの抵抗値と上京することの抵抗値を比較しました。すると、地方女子では、地元を離れることに抵抗があると回答した人のうち22％が特に「地元を離れること」よりも「上京することそのもの」に強い抵抗感を抱いていることがわかりました。これは同様に算出した地方男子の9％に比すると非常に高く、女子学生の方が、実家を離れることよりもむしろ、上京そのものに対して抵抗を感じていることがわかります。

そこで、その理由を探るため、抵抗を感じる理由として「金銭的に厳しい」「安全面での不安」「一人暮らしへの不安」「地元に残った方が良い」「行きたい大学がない」「その他（記述回答）」の6つの選択肢から複数選択を認め、回答してもらいました。すると、地元を離れることに抵抗を感じている女子学生全体では「金銭的に厳しい」「一人暮らしへの不安」が多かった一方、特に上京することにより抵抗を感じている人で絞ってみると、「安全面での不安」と回答する人が42・6％と最多数を占めたのです。

上京に抵抗を感じる最も大きい理由が、金銭面ではなく「安全面での不安」であることは大きな驚きでした。私たち自身、親や周囲の保護者の「東京で女子の一人暮らしは危ない」という声はよく耳にしてきましたが、まさかそれが地方女子学生の間で一般的に共有されていることだとは思わなかったからです。

人口が多い東京都は、どうしても刑法犯の認知件数は多くなってしまいますが、それだけを見て一概に「東京は危ない」とはいえません。例えば、女子大生の一人暮らしに関して心配されることが多い住居侵入事案に関しては、都道府県別の認知件数で見ても東京都は全国7位、人口あたりの遭遇率だと45位と、かなり低いことがわかります。[23] むしろ、警察署が多く、人通りのない暗い道も少ないため、安全だともいえるでしょう。私たち自身、東京に出てみて驚いたのが、夜でも明るいということです。地方の人通りの少ない道の方がよほど暗く心もとないことは、東京に来てみればすぐにわかります。「東京は危ない」という根拠のない不安を抱いて可能性を狭めてしまうのは、なんとももったいないことです。

この意識調査では、何に対して不安を抱いているかについて、具体的な項目を用意しなかったため、女子学生が何を恐れているのかがわかりませんでした。一人暮らし住居への侵入事案を恐れているのか、痴漢等の人混みで起こる事案を恐れているのか、歌舞伎町等の「夜の街」をイメージしているのか。そこで、この「安全面での不安」の解像度を上げるために、インタビューを実施しました。

・「人が多い」ことからくる漠然とした不安

熊本県から東京大学文科三類に進学したEさんは、高校生だった当時、東京の治安に対して大きな不安を抱いていたと言います。Eさんが最初に挙げた理由は、「人が多いから」というものでした。「人が多い分、悪い人もいっぱいいるだろうし、犯罪の数も多いだろうから」。具体的に心配していたのは、痴漢などの性犯罪と、女子大生の一人暮らしを狙った住居侵入事案です。ニュースで見る事件などから、東京ではそのような事件が頻繁に起こっているのではないかと考えていました。

Ｅさんの家族や親戚に、東京で暮らした経験がある人はおらず、東京での一人暮らしの未知さも相まって不安感は強かったと言います。顔見知りに囲まれている地元と違い、東京は見ず知らずの人がほとんどなので犯罪者と遭遇するかもしれず、とても夜一人で歩くことはできない。東京の治安に対する不安が先にあった上で、Ｅさんの中で「夜外を歩けない街」としてのイメージが広がっていったのかもしれません。

そんなＥさんのイメージは、実際に東京に住むことで変化しました。東京では夜でもたくさんの女性が道を歩いていますし、警察署や交番が多いことで「薄暗い人気のない道」を歩く不安は地方よりも軽減されています。住居侵入の件数や人口あたりの遭遇率が低いことは先ほども述べた通りです。痴漢など、人口が溢れかえり満員電車を避けられない町だからこそ起こりやすい犯罪もあれば、住居侵入など、人口が多いことで実際よりも頻繁に遭遇するかのように錯覚してしまう犯罪もあります。

「犯罪遭遇率の話とか、交番の多さとか、そういう情報があればここまで怖がっていなかったかもしれない」

Ｅさんの話から見えてきたのは、情報の少なさや経験の少なさから、東京の治安に対して過度の不安を抱いてしまう地方女子学生の姿でした。

さて、このような東京の治安が悪いというイメージは、いつ、どのように形成されるのでしょうか。Eさんのお母様に話を聞くと、直接Eさんと「東京が危ない」という話をしたことはなかったそうです。

「インタビューを受けるまで、そんなに東京の治安に不安を持っていたなんて知らなかった」

お母様自身は、東京に住んだことがなく、ニュースなどで見る無差別殺人事件が東京でよく起きていることから、「東京には危ない人が多い」というイメージを持っていたと言います。しかし、Eさんに対しては、できれば地元の大学に行ってほしいとは思っていたけれど、学力に見合う大学がなかったことから、東京の大学に進学するであろうことを見据えて応援していたそうです。

しかし、Eさんに話を聞くと、「東京は危ない」というイメージはニュースと保護者との会話から形成されたと言います。この認識のズレから、子どもは親と交わす些細な会話に強く影響されることが見えてきます。「東京は危ない」と直接伝えた覚えがなくても、日常的に交わす会話の中で、親が「東京は危ない」と思っていることが伝わり、それがEさんの認識に影響を与えたのです。

・深刻化／固定化する思い込み

大阪府から東京大学理科二類に進学したYさんは、高校1年生の模試の志望校欄に「東京大学」と書くと、母親から「書くのはいいけど、受験させないよ」と言われたそうです。その理由は、またしても「東京での一人暮らしは危険だ」という根拠のない不安でした。殺人事件などのニュースや、変わった人を取り上げたバラエティ番組等を見ては、「東京は物騒な事件が多い」「東京は変な人が多い」と言う保護者の姿を見て、Yさんも当初は東京に対して不安な気持ちがあったそうです。

そんなYさんの考えが変わったのは、高校2年生の時に東京に旅行してからでした。地元の大阪とあまり変わらない東京の街の様子を目にしたYさんは、東京への不安も消え、東京大学に進学したいという決意を固めました。

それでも、Yさんの母親は反対を続けました。模試でA判定を取り続けていたYさんの成績を見た担任の先生の説得がなければ、東京大学を受験することすら叶わなかったかもしれません。

Ｙさんは当時のことを振り返って、「東京は実際にはそこまで危なくないとか、そういうデータがあったからといって、親を説得できたとは思わない」と話します。強い思い込みから生じている不安は、客観的な事実やデータをもってしても取り除くことができないほど根強いものです。Ｙさんの担任の先生のような、身近で信頼のおける立場にいる大人が、このような現状を理解し、女子学生の志高い進路選択を後押しすることが求められます。

全体最適と個別最適の狭間で――「地方創生」との対立

さて、「地方女子学生が首都圏の大学に進学できていない」という課題に触れる時、避けては通れないのが地方からの女性の流出という論点です。地方からの人口流出が叫ばれる昨今、私たちの主張に対して、これ以上女性の流出を促進するのかとの批判を受けたこともありました。ここでは、地方創生と女性の活躍の関係を探りたいと思います。

地方の人口流入・流出を測る指標の一つが、「転入超過数」です。市区町村または都道府県の転入者数から転出者数を差し引いた数をいいます。転入超過数がマイナスの場合は、転出超過を示します。住民基本台帳人口移動報告（総務省統計局）によると、２０２２年度で転入超過なのは一都三県に加えて福岡・大阪・滋賀・長野・山梨・茨城・宮城の計11都府県で、それ以外は全て転出超過となっています。さらに、転出超過の県のうち、29道府県で、男性よりも女性の方が転出者数が多くなっています。特に顕著なのが若年女性の流出で、20代女性は東京都や大阪府などの五つの自治体を除く都道府県で転出超過となっています。[24]

2040年時点で、若年女性人口が現在の5割以上減少している自治体は、その後人口が急激に減少して最終的には消滅してしまう可能性が高いと言われています。[25] 若年女性の課題にフォーカスしない限り、地方創生を達成することはできないのです。

「女子学生の流出」は食い止めるべきなのか

前述の通り、若年女性の地方からの流出は顕著なトレンドになっています。「地方から首都圏の大学に進学できない」女子学生が多くいることを問題視する私たちのプロジェクトは、この事実に逆行するようにうつるかもしれません。地方からの若年女性の流出が顕著なのだから、流出は食い止めなければならない。より多くの女性が地元の大学に進学し、地元で就職する流れを促進しなければならない……。

しかし、本当にそれは、本質的に課題を解決しているでしょうか？

私たちは、地方が抱える本当の問題は、若年女性が「出ていってしまう」ことではなく「帰ってこない」ことだと考えています。ＬＩＦＵＬＬ　ＨＯＭＥ'Ｓ総研の調査[26]によると、東京圏に住む30代以下の「地方出身者」に対して、出身道府県への「Ｕターン意向」を聞いたところ、男性（20・0％）よりも女性（15・5％）の方がＵターン意向が低いという結果が出ています。30代の女性に至っては40・5％が「戻りたくない」と回答していることからも、地方が、一度地元を離れた女性にとって帰りたい地域ではなくなっていることがわかります。この問題を解決しない限り、地方に順応できる女性ばかりが地元に残り、一度出ていった女性は帰ってこないという現状は変わりません。地元にはない機会（高度な教育・最先端の技術・大企業での就業経験など）を享受し、吸収した人材が帰ってきて地方に還元することこそが、地方の産業が新しい視点を得てより発展していくことにつながるのではないでしょうか。

しかし残念なことに、人口流出に悩む多くの地方自治体は、この流出の原因の追究・改善を十分に行わないまま、曖昧な子育て支援や引き止め政策に走っています。２０２２年のＭ－１グランプリのさや香のネタ「佐賀は出れるけど入られへん」で取り沙汰された佐賀県は、進学を機に県外に流出してしまうのを食い止めるため、新たに県立大学を創設し、なんとか若者を県内に進学させようとしているそうです。県内進学しか認められない生徒にとっての選択肢や、地域課題の研究機関としての役割等、他に目的があるものとは思いますが、このような「食い止める」施策だけしていても、長期的な人口減は解決しません。地方自治体は、なぜ人々が流出しているのか・なぜ帰ってこないのかの原因を県外に出る選択をした方たちの意見を聞いてきちんと考え、意味のある施策を講じるべきです。

「女子を東京へ出すと帰ってこない」のはなぜか

地方女子学生が、地元への進学を求められる理由の一つに、「女子を東京へ出すと帰ってこない」という言説があります。地方から離れた若年女性が戻ってきていないことは、先ほども述べた通り事実です。しかし、女性ばかりが地方に戻ってこないという現状は、「女性を地元外に出さない」ことで本人の可能性を制限して食い止めるのではなく、女性が戻りたいと思える地域を作ることによって解決すべきです。そのためには、なぜ地元を離れた女性が戻りたくないのかを知る必要があります。

従来は、就職先が充実していないことや所得の低下、不便であること等が主な要因とされてきました。国や地方自治体もこのような要因に対処する施策として、雇用の創出や子育て支援・移住支援などに取り組んできましたが、未だ目に見えた成果は出ていません。もちろん、雇用や子育て支援への対策が不十分であることは間違いないのですが、雇用や所得の問題だけではUターン率の高い地方・低い地方の違いを説明できません。例えば沖縄県は、可処分所得、可処分所得から基礎支出を引いた差額（経済的豊かさ）のどちらに関しても47都道府県中最下位ですが、Uターン意向が最も高い県でもあるのです。[27]

先述のLIFULL HOME'S総研の調査では、女性を地方から遠ざける「ファクターX」を、「寛容性」であると結論づけています。「女性の生き方」「家族のあり方」などの6つのジャンルで在住者の寛容性を測るアンケート調査を行ったところ、在住者が感じる地域の寛容性は、地方出身者のUターン意向と強い相関関係があるというのです。このような地方の「空気感」は、まさに地方のジェンダー意識の低さと密接に関係しています。「女子だから」勉強はしなくていいのよ、結婚が大事よと言われる社会に、自立を志す女性が帰ってきたいはずがありません。女性の多様な生き方が許されない非寛容な社会が改善されない限り、地方はこの先も女性に選ばれない「地方」であり続けると、私たちは考えます。

コラム④　地方女子学生への家賃補助は逆差別なのか

２０１７年、東京大学は「女子学生向けの住まい支援」制度を開始しました。キャンパスへの通学時間が90分以上かかる女子学生を対象に、大学側が用意したセキュリティが万全な物件に対して入学から最大２年間、月３万円の支援を行う取り組みで、第７章で取り上げた「安全面」「金銭面」で不安を抱える女子学生の特徴をよく捉えた画期的な制度です。しかし、この制度を発表した当初、ＳＮＳ等では「女子だけに支援を行うのは逆差別だ」など、東大に対する批判の嵐が巻き起こりました。

東京大学がこのような措置に踏み切った背景には、安全面だけではなく、様々な構造的差別があります。そこで、このコラムでは、「東京での一人暮らし」「東大生の一人暮らし」を取り巻く様々な不平等について、取り上げたいと思います。

まずは、県人寮に関する不平等です。県人寮とは、首都圏の大学に進学するその道府県出身の学生限定の寮で、月額平均3万2250円と比較的安価なので、経済的に東京の大学に進学することを不安視する学生にとっては非常に心強い受け皿です。あまり知られていない事実ですが、全国35府県が東京都内に県人寮を置いており、このうち18道府県が実は「男子学生専用」の寮なのです。戦前からあるシステムなので、当時は女子学生が少なかったという背景はありますが、大学進学率の男女差がかなり縮まっている現状を考えると、非常に時代錯誤なものだといえるでしょう。

複数の男性専用県人寮にヒアリングを行ったところ、「男女共用に変えるには、施設に変更を加える必要があるが、寄付収入のみで改築費用まで賄うことは難しい」という声や、「男女で同じ寮に住むことは保護者が反対するのではないか」「首都圏に進学するのは男子学生の方が多い」などの理由から、そもそも女子学生を受け入れる検討すらなされていない県人寮が多く見られました。セキュリティの観点から住む場所を男女で分けたいのであれば、フロアを分けるなどで十分に対策は可能です。おそらくネックとなっているのは「改築費用が足りない」ことと、担当者の時代錯誤な価値観がアップデートされていないことでしょう。

この調子では、全ての県人寮が女子学生を受け入れるようになるのはだいぶん先になりそうです。

次に、東京大学ならではの課題です。東京大学には「女子寮」がありません。昔は「白金寮」があったのですが、老朽化で取り壊しになってしまいました。家賃が安くてもセキュリティがかなり心配な「三鷹寮」などはありますが、安全面を不安視する女子学生が安心して入居できる学生寮は、地方女子学生への家賃補助制度が設けられた2017年当時、あまりありませんでした（現在は、家賃は高いですが目白台インターナショナル・ビレッジが建てられています）。東京大学の男子学生が優先的に入れる男子用学生マンションなどはあっても、女子学生専用はありません。

これらを踏まえると、女子率の改善を目指し、地方からも女子学生を呼び込もうとする東京大学の「住まい支援制度」は妥当なものであったといえないでしょうか。

ちなみに、「東大は女子率を上げたいのに、なぜ地方の女子学生だけ支援するのか」という声もありましたが、それ自体、地方女子学生が東京大学に著しく少ないという現状が知られていないことの表れです。しかも、地方学生は実家住みの学生と比べ、家賃などの生活費が余分に発生することが完全に頭から抜け落ちた意見です。住まい支援制度が公表された当時、このような様々な背景のもとで作られた制度であることが完全に無視されたまま、批判のみが先行しました。アファーマティブ・アクション（積極的格差是正措置）に対しては、しばしばこのような批判が横行するように思います。議論の前提がきちんと共有された上で、構造的差別が解消されるための取り組みが進んでいくことを願っています。

第8章

解決への道のり

課題解決に向けた取り組み

ここまで、地方女子学生の進路選択を取り巻く様々な課題に触れてきました。地方女子学生の前にそびえ立つ見えない壁はあまりにも高く、地方女子学生はその壁を前に進路変更を余儀なくされてきました。私たちは、この本を通してそのような壁をただ再確認したいのではありません。

こういった現状があることを受け止め、それに対して何ができるのかを個々人が考えることが、5年後、10年後の地方女子学生の未来を切り拓き、日本を変えていくはずです。

ここからは、課題の解決に向けての議論をしたいと思います。

まずは、すでに行われている取り組みを紹介します。

第3章で、地方女子学生は資格が取れることを重視しており、医学部や薬学部などへの進学率が高いと述べましたが、その代わりに女子学生が著しく少なくなっているのが理工系学部です。職業としても、エンジニアを目指す女子学生は非常に少ないことは述べた通りで、この課題に対して、実は様々な取り組みが始まっています。

メルカリを創業した山田進太郎さんが設立した「山田進太郎Ｄ＆Ｉ財団」では、高等専門学校・理数科などへの進学を目指す中学３年生１００名および、ＳＴＥＭ（理系）分野への大学進学を検討している高等学校１、２年生の女性（性自認含む）５００名に対して10万円の奨学金を給付する取り組みを行っています。この奨学金の給付対象者は全国に幅広く分布していて、地方女子学生にも情報が届いていることがうかがえます。大学進学に伴う奨学金は多く見かけますが、中学・高校時点での「理系選択」に対して給付される奨学金というのは非常に先進的です。

もう一つ、ＩＴ分野のジェンダーギャップの解消に向けて取り組んでいるのが、第３章でもすでに紹介した特定非営利活動法人 Waffle です。女子中高生向けのプログラミングコンテストやキャリア講演などを通してＩＴ系職業の魅力を伝えています。

ここで挙げたもの以外にも数多くの素敵な取り組みが始まっていますが、ここでは特に、女子比率が低い難関大学による、女性を増やすための取り組みについて取り上げたいと思います。

東京工業大学が、２０２４年度の入試から総合型選抜の中に女子枠を設置したことは記憶に新しいのではないでしょうか。「女子枠」とは、従来の一般入試とは別に、筆記試験や面接などを組み合わせた形で女子学生のみを対象とした入試を行い、そこからの女子学生の入学枠を一定数確保する仕組みのことで、近年理系学部を中心に様々な大学が導入を公表し、話題になっています。東京工業大学では、「科学技術でイノベーションを生み出すためには多様性が必要不可欠で、男性ばかりのあまりにも画一的な今の大学の状態ではイノベーションは生まれない」という危機感が、女子枠の設置というポジティブ・アクションにつながったそうです。益一哉学長は、女子枠設置の理由を問うインタビューに対して「多少無理をしても今できることからやらないと、日本は30年後さらに遅れてしまう」[28]と、イノベーションを生み出すための多様性が著しく欠如している現状への危機感を語っています。大学に多様性を確保する手段として非常に思い切った取り組みですが、東京大学よりもさらに女子比率の低い東京工業大学の危機意識の高さがうかがえます。

もう一つ、思い切った入試改革に取り組んでいるのが東北大学です。東北大学は２０２３年、総合型選抜へと入試形式を全面移行することを明らかにしました。東北大学のＡＯ入試の合格者に占める女子比率は40・2％（２０２３年）と、一般選抜と比べるとおよそ１・５倍女子が多く、総合型選抜入試への全面移行の結果として女子比率が大幅に向上することが予想されます。推薦入試を増やすという手段は、女子枠に変わる画期的な女子比率向上施策かもしれません。東京大学も、2027年度から秋入学で文理融合的に学びを深める「カレッジ・オブ・デザイン」を新設しますが、100名程度の学生を従来の大学入試にとらわれない新しい選抜方法で募集する、と公表しています。

今まで、大学の取り組みだけで女子学生を増やすことは難しいとはよく言われてきましたが、従来の受験制度自体の見直しを進めることによって、女子比率自体は大幅に改善が見込まれるはずです。

「女子枠」設置への反発

「女子枠」設置に関しては、「従来の入試であれば受かっていたはずの優秀な男子学生が入学できなくなるのは逆差別だ」という意見をはじめ、様々な反対意見が寄せられています。山田進太郎D＆I財団が2024年に発表したレポートによると、「女子枠」入試導入にあたって、大学内外からの否定的なコメント等があった大学は、45・5％と約半数を占めたそうです。

「女子枠」に対し直感的に反発してしまう人が少なくないと思いますが、議論の前に、まず一つの前提を共有しなければなりません。ここまで述べてきた通り、女子学生は様々な形で男子学生とは異なる障壁にぶつかっていて、それによって今までであれば受験を諦めてしまっていたような女子学生にも門戸を広げようという取り組みが、女子枠の設置なのです。「従来の入試であれば受かっていたはずの男子学生」たちとは、置かれている境遇も、学力以外でのハードルも、全く異なるということを改めて認識した上で、「女子枠」がそこまで反対に値するものなのかどうかを考えてほしいと思います。

その上で、女子学生を増やす手段としての「女子枠」の意義を考えてみます。

前提として、もちろん女子学生が難関大学を目指す上でのハードル（学生自身や周囲のジェンダーステレオタイプ・バイアスなど）を解消し、結果として自然に女子学生が増えることが理想であることは間違いありません。しかし、これまで数十年間の取り組みの中で、そのような価値観の変容を促すことが非常に難しいということを日本社会は痛感してきたはずです。取り組みは十分とはいえない上、その成果が出るのを待っているようでは、もう遅すぎます。そこで、まずは数を確保し、それによって女子学生が難関大学に進学することがあたりまえであるという環境を先に作ってしまおう、というのがこの「女子枠」の取り組みではないでしょうか。データとして効果を検証するにはまだ数年待たなければなりませんが、試してみる価値は十分あるはずです。

東京大学における「女子枠」のベストプラクティスを考える

東京工業大学での女子枠の設置に続いて、全国の様々な大学で、特に理工系学部への女子枠の導入がトレンドになっています。

実は、女子枠の設置は東京工業大学が初めてではありません。女子学生が少ない理工系の大学では、総合型選抜や学校推薦型入試と組み合わせる形ですでに導入が進んでおり、２０２４年度ですでに導入している大学が34校、２０２５年度入試から導入を表明している大学は7校あります。[29] すでに導入している女子枠を拡大する大学もあり、女子枠の設置は女子比率の低さに悩む大学の解決策となりつつあるといえるでしょう。

東京大学では、90年代後半に工学部に女子枠を導入しようとしたことがありますが、工学部女子学生の強い反対で導入は見送られました。学内の女子比率が低いことをそもそも問題視しないような意見はお話になりませんが、ホモソーシャルな東大工学部の空間で、「女子枠で入った」という事実が男子学生から蔑まれる要因になり得るという女子学生の不安は一定程度理解できるものです。

東京大学にとって、また全国の女子比率に悩む大学にとって、女子学生を増やす手段としての「女子枠」はどのように展開されるべきなのでしょうか？ ここで、「地方女子学生を増やしたい」という団体としての考えに立って、そのベストプラクティスを検討したいと思います。

本書で述べた通り、地方女子学生は進学にあたって様々な問題を抱えています。特に顕著なのが「浪人回避傾向」「安全志向」「実力の過小評価」で、この三要素が揃ってしまうことで地方女子学生は志望大学の難易度を、地方男子学生や首都圏学生たちより少しずつ下げているのです。この問題を、地方女子学生と周囲の意識・価値観を改善することで解決するというアプローチもできますが、より手っ取り早いのは「浪人回避傾向」「安全志向」「実力の過小評価」があっても安心して難関大学を受験できるシステムを整えることでしょう。

今の入試制度では、難関国立大学を受けようと思うと前期日程の一回きりのチャンスしかありません。東京大学は後期入試を行っていませんし、京都大学も後期日程を設けているのは法学部特色入試のみです。一橋大学は経済学部しか後期入試を行っておらず、したがって、仮に東京大学を受験しようとする絶対に浪人したくない学生が後期入試を滑り止めにした場合、「一橋大学経済学部」「京都大学法学部」のわずかな枠を狙っていくか、難易度を下げて北海道大学や横浜国立大学、神戸大学、お茶の水女子大学を受験することになります。この「失敗できない」受験制度を前に、「浪人回避傾向」「安全志向」「実力の過小評価」を持つ学生が志望校を下げるのは自然な現象です。

私たちは、この「失敗できない」「一度きり」の入試制度を変えることこそ、地方女子学生を難関大学に増やすために最も有効な施策だと考えています。

東京工業大学の女子枠の制度はちょうどこのニーズを満たしていると考えられます。総合型選抜の中に女子枠を設けることによって、東京工業大学を受験したい女子学生は、併願可能な「総合型選抜一般枠」「総合型選抜女子枠」、そして「一般選抜（前期日程）」の３回の受験機会を得ることができるのです。このような仕組みがあれば、失敗できないと考える女子学生でも安心して東京工業大学に挑戦することができるでしょう。総合型選抜に関しては東京工業大学に挑戦をして、一般入試はより合格可能性の高い別の大学を受験する、という選択もできます。

東京大学にも定員１００名の推薦入試制度があり、毎年合格者に占める女性割合は非常に高くなっています。それでは、この既存の推薦入試の定員を増やせば、地方女子学生は増えていくでしょうか？

東京工業大学の総合型選抜女子枠で応募が非常に多かったのは「物質理工」で、定員20人に対して128名の応募がありました。一方で、「情報理工」は14人の定員に対して26人の応募しかなく、倍率は2倍を切っています。この2学部の応募者数の違いは、もちろん情報系を志す女子学生が少ないという見方もできますが、私たちは選抜形式の違いに理由があるのではないかと考えています。両学部ともに志望動機や学びたい内容の論理的な説明を求める部分は共通していますが、「物質理工」では科学知識や考え方を問う口頭試問および共通テストで判断されるのに対して、「情報理工」では活動実績報告書の発表が求められます。つまり、「情報理工」が一般的な推薦入試でイメージされる「豊富な課外活動」「受賞歴」等を問うているのに対して、応募者数の多かった「物質理工」はそこに重点を置いていません。

高度な課外活動の経験などを問う選抜形式は地方の学生にとって挑戦しやすいものではありません。川崎は東京大学法学部の推薦5期生として入学しましたが、たまたま課外活動が好きだったのと、周りにＡＯ入試や指定校推薦などの制度を活用する人が多く、推薦入試という制度が非常に身近だったから挑戦できたのだと思っています。ほとんどの地方公立進学校の生徒にとっては推薦入試は身近ではなく、実際２０２４年度の東京大学推薦入試合格者に占める地方割合（関東地方以外）は45・1％でさほど高いとはいえません。卓越した人材、学力試験だけでは測れない多様な人材を採用したい、という趣旨に関して東京大学の推薦入試制度は非常に効果的に働いていると思いますが、「地方女子学生を増やす」という目的には不向きでしょう。

私たちが提案するのは、従来の学校推薦型選抜入試の１００名とは別に、新しくＤ＆Ｉ（ダイバーシティ＆インクルージョン）のための総合型選抜の入試枠組みを設定する形式です。この総合型選抜は、書類選考に加えて共通テストの成績および「個別評価」を合わせた総合評価で選抜します。個別評価の中身は、個別学力試験もしくは口頭試問、ディスカッション等、学部によって多岐にわたってよいと思いますが、あくまでも高校までの活動実績の如何を問うものではなく、志望動機や学力のポテンシャルを測るためのものです。そして、この個別評価の際に、「女子学生である」「地方出身である」「ファーストジェネレーションである」等の東京大学におけるマイノリティ要素を積極的に評価する。このＤ＆Ｉのための総合型選抜であれば、失敗できない地方女子学生でも挑戦しやすく、結果的に大学の女子学生割合も大幅に向上するものと考えられます。

「女子枠」を超えた解決策はあり得るのか

先ほど述べた、「失敗できない」「一度きり」の入試制度を変えるという観点に立つと、東京大学に限らず、そもそも国立大学全体の受験制度自体を変えてしまうことも、解決策の一つと考えられます。

例えば、日本と同じく学力試験の結果を重視するシステムでありながら、難関大学の女子比率が高い中国のシステムを見てみましょう。中国では日本の共通テストのような統一の試験を全員が受験し、その成績によってそれぞれの大学における合格可能性がかなり正確にわかるようになっているので、「受かるかどうかわからない大学に出願して失敗した」というようなミスマッチが発生しにくくなっています。中国のこの一発入試制度は、受験競争の過熱や地域格差の拡大といった結果も招いているため、そのまま採用するわけにはいきませんが、一つ参考にはなるはずです。

日本の現行の国立大学の入試制度は、女子学生だけでなく、経済的に弱い立場に置かれている人など、「リスクを取ることができない」人たちにとって不利に働くシステムです。後期入試の拡大などによって複数の大学を受験できるようにしたり、マッチング・アルゴリズムを活用してミスマッチを減らす出願システムを構築したりするなど、入試制度を抜本的に改革することができれば、女子学生が「浪人回避傾向」「安全志向」「実力の過小評価」を持ったままでも難関大学受験に挑戦できるようになるのではないでしょうか。

私たちの取り組む解決策

私たち#YCPもただ指をくわえて見ているわけではありません。私たちは、地方女子学生が抱えるこの大きな課題を、**図表8―1**のように四つの象限に分けて捉え、包括的に課題解決に挑んでいます。

縦軸は個々人に関することと社会全体の制度に関することで二分し、横軸は課題の明らかさ・見えやすさで二分して四つに分けました。「意識と能力」は私たちがこの本でもメインで取り上げてきた個々人の意識面における格差、右上は「塾に通わせてもらえない」「学生寮がない」などといった資源や制度面での格差、右下はルール上の不平等がないかどうか、政策が十分か否か、左下は「女子に学力は必要ない」といった社会通念やステレオタイプが

図表8-1　地方女子学生が抱える課題

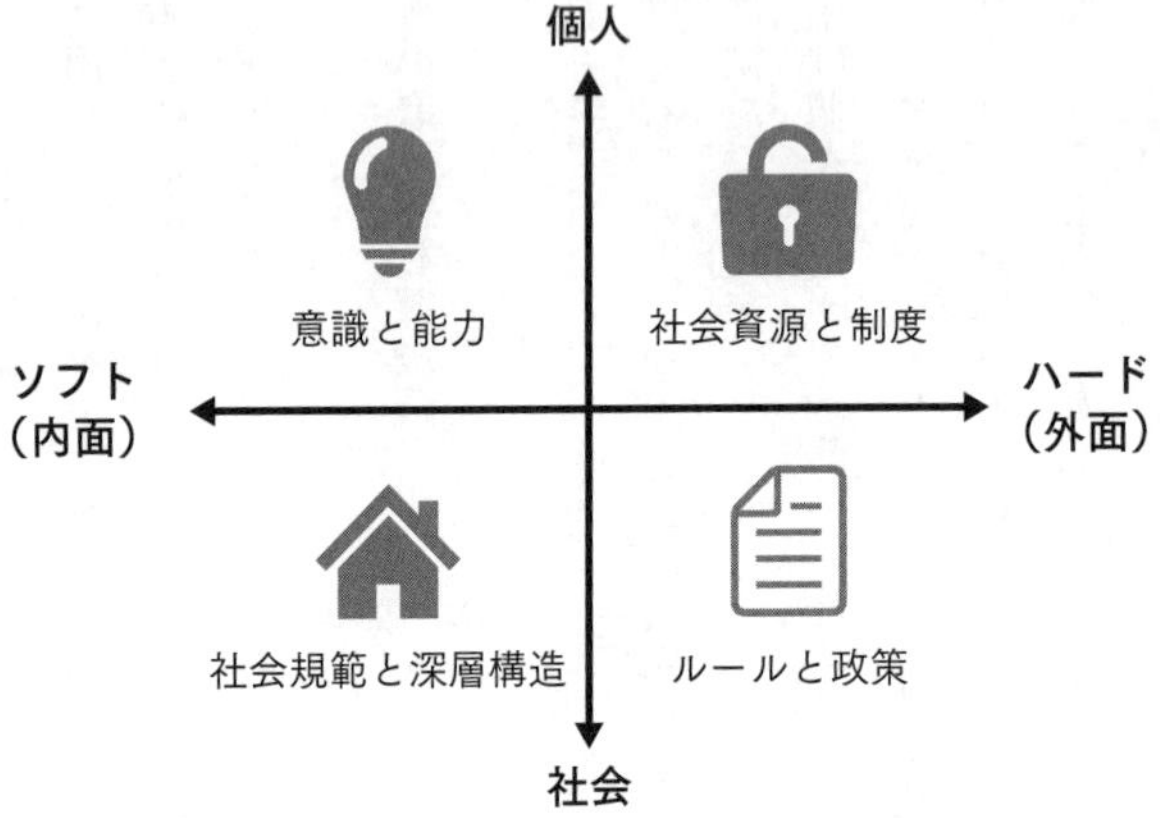

出典：筆者作成

分類されていて、私たちは四つの象限全てにアプローチすることで包括的・根本的に課題を解決することを志しています。ここでは、特に力を入れている二つの取り組みについて紹介したいと思います。

・メンタリングコミュニティ「#MyChoiceProject」

#YCPでは、地方女子学生の自己評価の向上や安全志向の解消を目的として、2023年からメンタリングコミュニティを運営しています。ロールモデルの提示が自己評価の向上と関係していること、同質性が高いロールモデルを長期的に提示することが重要であることは第4章で述べた通り

です。単発のイベントやワークショップで関わるだけでは、高校生にとって「身近で話せるロールモデル」にはなり得ません。私たちは、この「身近さ」を徹底的に確保するため、高校2年生の春から2年間、東京大学の女子学生と1対1でメンター・メンティーのペアを組むというプログラムを提供しています。月に1回の面談では、学習の進捗を確認するだけではなく、模試の結果を見て一緒に志望校を考えたり、受験に関する悩み相談を受けたり、はたまた大学生活についての話をしたり、様々な会話が行われています。メンタリングコミュニティでは、このメンター・メンティー制度の他に、切磋琢磨できる同級生と出会えるグループ制度や、二ヶ月に一回のキャリア講座も提供しています。キャリア講座では、地方にいると出会い難い職業ロールモデル——エンジニアや企業の研究職、官僚からアカデミアまで、様々な職業の女性に登壇していただいています。

何度か登場した江森の母校、静岡高校では、近年女子の東大受験者が増えているそうです。理系や京都大学に合格する女子学生も増えており、難関大進学の男女差に関してはかなりの改善が見られます。進路課の先生はこの理由について、「先達のアドバイスが志望者増加の鍵になった」と言います。#YCPとしてもイベントを開催したり、京都大学への進学者がメンタリングを行ったり、卒業生による様々な取り組みが行われたことで、女子学生が身近なロールモデルに出会える機会が増えたのでしょう。女子比率が低い場所で学ぶこと、働くことに抵抗がある女子学生が、「目指してみてもいいかも」と思うのには、やはりより歳の近いロールモデルの存在が重要になってくるのではないかと考えます。

私たちのメンタリングコミュニティは、今はまだ80名程度を対象にしていますが、今後150名、200名と規模を拡大していくことで、少しでも多くの学生が「目指しても良いかも」と思えるきっかけを提供できればと思っております。

・調査／発信事業

本書も含めて、私たちは地方女子学生の現状を正しく捉えて発信することに強く力を入れています。それは、地方女子学生本人だけではなく、彼女たちに影響を与える周囲の人々（保護者や地域住民、学校の先生など）の考えを変えていかなければ、根本的な課題解決は難しいと考えているからです。可視化されていない課題は、多くの人の理解を得ることはできません。私たちは、「なんとなく」共有されているもやもやを、データによって明確にし、発信することでバックグラウンドの違いから課題意識を持ってこなかった人からも理解を得て協働するための材料にしたいと思っています。

実際、この本の元になった「なぜ、地方女子学生は東京大学を目指さないのか」は、全国約４０００人の高校生を対象に行った定量調査ですが、今まで可視化されていなかった地方女子学生の現状をデータで示すものとして大きな反響を呼びました。今回の調査で解明しきれなかった部分に関して、今後も丁寧に調査し発信していくことで、根拠のない有害な社会規範の存在を明らかにして、撲滅するムーブメントを起こしていきたいと思っています。

私たちの求める解決策

先ほど、私たちの活動の考え方として四つの象限を挙げました。先に記した取り組みは**図表8-1**でいうところの左半分にアプローチするものですが、右半分に関しても、改善に向け取り組みを行っています。「資源や制度上の不平等」を解決するために、私たちは政策提言を通して国や自治体に働きかけています。

資源や制度上の不平等を解消する手段に行政が適していることは想像に難くないと思いますが、私たちが政策提言に取り組んでいるのは、それだけの理由ではありません。この課題は、私たちの活動だけで解決するような簡単なものではないと考えているからです。ロールモデルの提示に関しても、私たちがアプローチできる人数にはどうしても限界があります。私たちが、この課題に取り組む先駆者としてやるべきことは、今後この課題に取り組む人々が現れ続けるような土壌を作ること、「課題解決の流れ」を生み出すことです。そしてその土壌作りは、政策という手段によって成し遂げられるものだと考えています。政策提言チームではまだ目ぼしい成果を挙げられてはいませんが、いつかここに書いてある内容が実現することを期待して、私たちが提言している内容について記します。

・県人寮への地方女子学生の受け入れ促進

地方から首都圏の大学に進学するにあたって、住居費用等の金銭面での負担を解消するために、全国35道府県が、その道府県出身の学生のみが入居できる「県人寮」を東京都内等に構え、非常に安価な学生寮を提供しています。しかし、このうち18府県の県人寮が男子学生のみの受け入れとなっている問題は、第7章の後のコラム④でも述べた通りです。女子学生が首都圏の大学に進学する際の「安価な」選択肢が男子学生と比べて少ないことは、解決すべき問題点です。第7章で述べた通り、首都圏への進学をためらう女子学生の理由の約40％が「安全面での不安」、20％が「金銭面での不安」ですから、改築等の手段で、この二つの不安を解消できる県人寮の門戸を女子学生に対しても開放することは、地方女子学生の進学の選択肢を大きく広げます。

先日、＃ＹＣＰは「県人寮への女子学生受け入れに関する実態調査レポート」[30]を発表しました。全国の県人寮における女子学生の受け入れ状況や、受け入れが進まない理由等を細かくヒアリングしてまとめたこのレポートは、様々な大手メディアで取り上げられ、県人寮を取り巻く男女格差の存在を知らしめました。

レポートでは、改めて女子学生の受け入れの最も大きなハードルが「改築の費用」であることが明らかになっています。このような課題こそ、行政が解決すべきものではないでしょうか。今後、各自治体において県人寮への女子学生の受け入れや、もしくは家賃補助等の代替施策が実施されることで、首都圏への進学の金銭的ハードルの男女格差が解消されることを願います。

・保護者のアンコンシャスバイアス解消プログラムの実施／女性版骨太の方針への記載

地方女子学生にとって、保護者が持つステレオタイプによる影響が大きいことは第６章で述べた通りです。固定的な性別役割分担意識やアンコンシャスバイアスの解消に向けて、内閣府では令和3年度より様々な取り組みが進んでいますが、これは主に企業管理職や学校関係者に対してのアプローチとなっています。保護者の影響がこれだけ大きいにもかかわらず、全く取り組まれていないのです。

「非東京圏出身女性の進学後の初職時Uターン移動分析」[31]によると、出身地の三世代同居割合の高さとUターン率には有意な負の相関があるそうです。三世代同居割合が高い地域は伝統的な家族観が強い地域である可能性が高いことから、若い世代の女性が地方を忌避する傾向にあることが示唆されています。第6章のインタビューにも登場したCさんの家庭は、代々同じ土地に住む、まさに伝統的な家族観の強い家庭ですが、「女性は大学に行くものじゃない」などと言われる家庭で育った女性のUターン志向が低くなることは容易に想像できます。

地方女子学生が直面するジェンダーギャップを解消するためには、そして女性に選ばれる地方にするためには、保護者が抱える固定的な性別役割分担意識やアンコンシャスバイアスを解消する必要があると私たちは考えます。#YCPでは現在、地方に住む保護者に向けた、性別に関するアンコンシャスバイアスへの気づきを促すプログラムを開発していますが、やはり多くの保護者にアプローチするためには行政の力が必要不可欠です。地方自治体から学校やPTAにプログラムを届けてもらうことができれば、より多くの、関心のない保護者にも届くはずです。その実行主体は、私たちでなくても構いません。

そして、私たちは「女性版骨太の方針」に保護者のアンコンシャスバイアス解消の必要性が明記されることで、より多くの自治体への波及が見込まれるのではないかと考えています。毎年6月頃に発表される「女性版骨太の方針」は、女性活躍と男女共同参画の重点方針で、その1年間に取り組むべきことが記載されます。ここへの記載を進めることで全国的にこの課題に取り組む必要性について周知するべきです。

・男女共同参画基本計画数値目標として「難関大学の女子比率」を記載

最後に、「課題解決の流れ」を生み出す上で最も大切だと考えていることが、男女共同参画基本計画の数値目標に「難関大学の女子比率」に関する記載を挿入することです。地方女子学生を取り巻く問題の帰結ともいえる難関大学の著しい女子比率の低さは、先進国でも日本だけで起きている憂慮すべきジェンダーギャップです。

しかし、国が男女共同参画に関して取り組む様々な施策の元となる「男女共同参画基本計画」には、この難関大学の女子比率に関する記載が一切ありません。企業の管理職に占める女性割合などはこの中に数値目標が記載されていますし、大学の理工系に占める女性割合も、「女性版骨太の方針２０２３」の中で数値目標が追記されています。しかし、難関大学の女性比率に関しては、どこにも数値目標はなく、言及すらされていないのです。

日本でのみ難関大学の女性比率が非常に低いという問題は、国を挙げて取り組むべき課題です。進路選択上の様々なジェンダーギャップに苦しむ女子学生たちが涙を飲み、そして多くが自分にその選択肢があるということすら知らずに諦め続けてきた結果が、この女子比率の低さなのです。数値目標とともに、重要な課題として「難関大学の女子比率の向上」を掲げることで、大学の取り組みも促進され、この問題に取り組む様々なアクターが活躍していくはずです。

ここに挙げたうちのどれか一つでも実現できるよう、今後も精力的に活動していきます。

おわりに

読者の方々への提言

【地方女子学生の皆さんへ】

まずは、この本を通して皆さんと出会えたこと、本当に嬉しく思います。皆さんが、心から望む進路に進めるように、いくつかお願いがあります。

・自分の限界を設定しないでください

「東京大学なんて」「理系なんて」と、考える前から自分の可能性を狭めないでください。

周りの人が言うあれこれに惑わされたり、模試の判定が悪かったからとすぐに諦めたりせず、全てのしがらみをまっさらにした状態で自分が本当にやりたいことは何か、行きたい大学がどこか、考えてみてください。熱意さえあれば、必ず道は拓けます。親からの反対や、金銭面の課題など、熱意だけではどうしようもない壁がある時は、ぜひ私たちに相談してください。全力で、壁を乗り越えるための手段を一緒に探します。

・メンタリングコミュニティに加入してください

私たちが運営するメンタリングコミュニティ「#MyChoiceProject」への加入をぜひ検討してみてください。

メンタリングコミュニティでは、完全無料で現役難関大の女子学生（東京大学・京都大学・東京工業大学・一橋大学の学生）が1対1でメンターとなって受験まで伴走します。メンターは皆さん一人一人が抱えるどんな悩み、相談にも親身に応えてくれます。同じ志を持ち、切磋琢磨できる仲間に出会って、情報交換することも可能です。さらに、多様なキャリアを持つ社会人と話せる、キャリア講座も提供しています。東大志望者に限ったものでは全くありません。本書を読んで、少しでも「チャレンジしてみようかな」と思った皆さんを全力でサポートします。詳細は公式ホームページを覗いてみてください。

【保護者の方々・これから保護者になる方々へ】

保護者の方の存在は、高校生にとって非常に大きいものです。何気なくかけた言葉も、口には出さない期待も、あらゆるところで影響を与えています。

ぜひ、その一言をかける前に、本人の希望を無視していないか、自分の思い込みを押しつけすぎていないか、一度踏みとどまってみてください。また、どんなにかける言葉に心を砕いているつもりでも、誰しもがステレオタイプやバイアスを持っているものです。保護者の方が、今一度自分がかけてきた言葉を振り返り、娘と向き合うことで、女子学生が自分の思いをありのままに発露させる・自分の志に正直になるきっかけになるかもしれません。

最近は自治体でもアンコンシャスバイアス研修が行われていたり、様々な啓発動画が公開されていたりするので、そのようなものに触れてみるのも良いかもしれません。これは、女子学生の保護者の方だけにお願いするものではありません。男子学生にとっても、ジェンダーステレオタイプが足枷、重荷になって、自分のやりたいことに正直になれない事態を招いている可能性があります。「女の子だから」「男の子だから」と制限をかけたり、ステレオタイプに基づいた期待をしすぎたりせずに、のびのびと進路を選択できるように意識していただければと願っております。

【教育関係者の皆様へ】

まずは、既存の進路指導がジェンダーステレオタイプを強化していないか確認していただけると嬉しいです。キャリア講座で紹介するロールモデルが、理系は男性ばかり、文系は女性ばかりになっていないでしょうか。学校教育においては、かねてからジェンダーステレオタイプを強化する「隠れたカリキュラム」[32]の存在が指摘されてきました（**図表9−1**）。地方公立高校のほとんどは共学校ですが、生徒会会長が男性ばかりだったり、行事での役割分担が性別で分かれていたりする学校は今でも多く存在します。学校に「隠れたカリキュラム」が残存していないか、改めて確認してみてください。

そして、第6章で述べたように、女子学生の進路選択は、保護者の影響で狭まってしまうことがあります。そんな時、先生方にはぜひ学生の味方になって、一緒に解決策を模索する存在となってほしい。家庭でジェンダーステレオタイプやバイアスの影響を受けた学生であっても、学校は、そこから脱却するための砦であってほしいのです。この本で挙げた論点が、その糸口になっていることを切に願います。

図表9-1　学校のなかのジェンダー：隠れたカリキュラムの事例

	①不必要な二分法	②性別役割	③上下関係	④機会の不均等
A　教室環境	掲示物の男女別掲示		男子が上・女子が下の掲示	
B　学級生活	男女別名簿／男女別整列	係・委員会などの役割分担	男子の意見がとおる教室	発言の機会
C　学校施設・慣行	入学式・卒業式等の座席の二分／出席・成績・保健等の男女別統計	行事での役割分担	生徒会の役員（長は男子、副は女子）／表彰代表は男子	入学者の男女別合格枠
D　教師と生徒の関係	さん・くんの呼称／男子は・女子は、と一括りにした言い方	役割の男女別人数の指示／教科担当についての決めつけ	副や補助の女子への割り当て	男子と関わる時間が長い
E　生徒間の関係	休み時間は男女に分かれる	実験の操作は男子、記録は女子	実験・司会などの役割担当	校庭・運動場の占有率
F　教師間の関係	男女別職員名簿	校務分掌・教科担当の男女による偏り	女性は主任や部長にしない	管理職への登用
G　保護者・地域との関係	学用品の男女色分け購入	日頃のしつけ・挨拶・不登校は母親の責任とみなす	父親名の保護者名欄	就職時の男女で異なる採用数

出典：村松泰子「学校教育とジェンダー：研究と実践の動向」

【メディアに関わる方々へ】

メディアの影響は計りしれません。難関大学の学生と直接知り合う機会が多くない地方の学生にとっては、なおさらです。第4章で述べたように、東京大学の難易度イメージを誇張したり、「変な人」が多いように印象づけたりする番組やコンテンツばかりであれば、地方女子学生は「東大は変な人ばっかりなんだ」「天才しか行けないんだ」と捉えてしまいます。メディアに関わる方々は、自分たちの発信する番組や記事が、受け取り手にどのような影響を与えるかを意識して、番組の構成や登場するキャストの男女比、その扱い方についてよく考えていただけると嬉しいです。

メディアに関わる方々と一括りにしてしまいましたが、もちろん、私たちのことを取材してくださった記者の方々をはじめとして、このような課題に真摯に向き合っておられる人がいらっしゃることも書き添えさせていただきます。皆様のご尽力で、私たちの想いをこうして書籍という形で世の中に届けることができたといっても過言ではありません。改めてお礼申し上げます。

【直接的な関わりを持たない方々へ】

まずは、本書を手に取っていただいてありがとうございます。これを読んでくださっている方の中には、地方の女子学生とはあまり関わりがない方もいるかもしれません。「知ることは課題解決の第一歩」とはよくいいますが本当にその通りで、この本が、地方女子学生を取り巻く様々な問題を知る機会になっていれば幸いです。そして、ぜひ自分ごととしてこの課題について考えてみていただけたらと思います。もし自分が地方女子学生だったら・もし自分の娘が地方女子学生だったら……。この課題について考える人が少しでも増えてほしいという思いが、私たちがこの本を出版した大きな理由でもあります。

そしてもし周りに、「(地方)女子学生が難関大学に非常に少ないのは、単に彼女たちの能力が低いからだ」と言う人がいたら、その陰にどのような構造的課題があるのか、女子学生がどうして志望校を下げざるを得ないのかを説明していただけると嬉しいです。現実を知り、冷淡な自己責任論を唱える人が一人でも少なくなることで、アファーマティブ・アクションに関する議論をはじめ、社会全体で様々な議論が前に進むと信じています。

最後に

先日、同級生の男子にこの活動について話していたら、「二人の活動はジェンダーに関わることだけど、まともだからフェミニストじゃないと思っている」というようなことを言われました。彼なりに私たちの活動を応援してくれてはいると思うのですが、「フェミニスト」は一様に皆「まとも」ではないという思い込みには驚きました。

私たちは、フェミニストです。データを用いて冷静に議論をするように心がけていますが、彼の中では、そういう姿勢は「フェミニスト」らしくないのかもしれません。SNS上で過激な発信をしたり、男性を攻撃したりするフェミニスト像がクローズアップされがちですが、本来、フェミニストとはあくまで女性の社会的・政治的・法律的・性的な自己決定権を実現しようと活動する人々のことであって、活動や主張のスタイルは人それぞれです。

そんな彼も含めて、今まで様々な学生と会話する中で、違和感を抱く機会は多くありました。時には憤りを禁じ得なかったこともあります。でも、その小さな違和感や憤りの積み重ねが、私たちをここまで連れてきてくれたのだと思っています。心無い言葉に傷ついた時もあったけれど（もう少し柔らかい言葉で言っても良かったのでは？　とは今でも思っていますが）、今となってはその全てに感謝しています。その悔しさがなければ、伝えたいことが伝わらないもどかしさがなければ、私たちはこのようにデータを取ろうとはしなかったかもしれないし、ここまで活動が広く展開することもなかったかもしれないと、本心から思っています。心からの感謝を込めて、胸を張ってこの本を彼らに渡したいです。

そして、私たちをここまで育ててくれた両親へ。私たちは、本書で挙げたような様々な障壁に阻まれることなく東京大学に進学することができました。このような活動に取り組んでいると、自分たちがいかに恵まれた環境にいたかを痛感します。東大を目指すことに反対せず、「女子が勉強したってしょうがない」などという考えも持たず、私たちの意思を尊重し、塾などにも通わせてくれました。上野千鶴子先生が祝辞でも述べたように、私たちが今日「がんばったら報われる」と思えるのは、これまで私たちの周囲の環境が、私たちを励まし、背を押し、手を持って引き上げ、やりとげたことを評価してほめてくれたからこそです。私たちが今、「がんばったら報われる」と思えることと、同時に、がんばる前からがんばる意欲をくじかれる人たちがいることを理解できるような人に育ててくれたことに、心からの感謝を送ります。

また、私たちの活動を日頃から応援していただいている寄付者の方々に、この場を借りて感謝の気持ちをお伝えいたします。皆様の思いが、地方女子学生の背中を押し、ゆくゆくは日本の未来を担う女性リーダーを育てていくことにつながります。温かいご支援には、結果でお返しできるよう、精一杯努力して参ります。

担当編集の高橋さん、本を書くことが初めてで不慣れな私たちに対して、たくさんアドバイスをいただきありがとうございました。そして何よりも、活動を始めるきっかけと、本にするというチャンスをくださった瀬地山先生、本当に感謝しています。

この本が全国の女子学生と、彼女たちを取り巻く人たちに届くことを心から祈っています。

2024年7月
江森百花
川崎莉音

https://eic.obunsha.co.jp/file/exam_info/2023/1201.pdf
30 #YourChoiceProject『県人寮への女子学生受け入れに関する実態調査レポート【2024 年度調査結果】』2024 年
https://note.com/yourchoice_ycp/n/n5f9a099894d6
31 奥田純子『非東京圏出身女性の進学後の初職時 U ターン移動分析』2022 年
https://www.jstage.jst.go.jp/article/seikatsukeizaigaku/56/0/56_1/_pdf
32 村松泰子『学校教育とジェンダー：研究と実践の動向（特集学術の再点検 --ジェンダーの視点から（その 2））』2003 年
www.jstage.jst.go.jp/article/tits1996/8/4/8_4_36/_pdf/-char/ja

http://repo.nara-u.ac.jp/modules/xoonips/download.php/AN00181569-20080300-1008.pdf?file_id=2653
16 野村浩子、川﨑昌『組織リーダーの望ましさとジェンダー・バイアスの関係：男女別、階層別のジェンダー・バイアスを探る女性の昇進意欲に関するロールモデル論の理論的検討』2019 年
https://shukutoku.repo.nii.ac.jp/records/1722
17 Niederle, Muriel, and Lise Vesterlund. 2011. “Gender and Competition” Annual Review of Economics 3（1）:601-630.
18 さつき会〜東大女子ネットワーク・コミュニティ〜『報告：さつき会 60 周年記念企画「東大女性の実態調査〜キャリア・生活・意識〜」』
https://www.satsuki-kai.net/wp-content/uploads/2023/12/a710e98aa1fde546790b8aa2ee34387a-1.pdf
19 三宅えり子『日本の高等教育政策とジェンダー：教育投資のあり方にみるジェンダー主流化の課題』2018 年
https://dwcla.repo.nii.ac.jp/records/1746
20 本田由紀『東大卒業生のキャリアに関する調査』2023 年
https://www.p.u-tokyo.ac.jp/wp-content/uploads/2023/04/report_01.pdf
21 田中正『子どもの性差を通してみた親子関係の意識の違い』2006 年
https://www.jstage.jst.go.jp/article/nbukiyou/6/0/6_KJ00004687482/_article/-char/ja/
22 福岡県警察『福岡県における性犯罪の現状とこれからの啓発活動について』
https://www.police.pref.fukuoka.jp/data/open/cnt/3/1005/1/04yamamoto.pdf?20190327181912
23 HOME ALSOK 研究所『全国治安ワーストランキング 2022』2022 年
https://www.alsok.co.jp/person/recommend/dangerous-ranking2022/
24 舞田敏彦 Newsweek『若年女性流出の背景に見える、地域のジェンダー意識』2023 年 12 月 20 日
https://www.newsweekjapan.jp/stories/world/2023/12/post-103263.php
25 内閣府『「選択する未来」委員会提出資料人口減少問題と地方の課題』2014 年 1 月 30 日
https://www5.cao.go.jp/keizai-shimon/kaigi/special/future/0130/shiryou_09.pdf
26 LIFULL HOME’S 総研『「調査研究レポート」地方創生のファクター X』2021 年 12 月 27 日
https://www.homes.co.jp/souken/report/202108/
27 国土交通省『国土の長期展望専門委員会（第 13 回）地方の「豊かさ」に関する参考資料』2021 年 3 月 8 日
https://www.mlit.go.jp/policy/shingikai/content/001389727.pdf
28 Business Insider『東工大が入試「女子枠」創設のワケ。益学長が語る、大学が変わらなければならない理由【後編】』2023 年 1 月 5 日
https://www.businessinsider.jp/post-263808
29 旺文社教育情報センター『大学入試の女子枠 2024 年入試で増加！』2023 年 12 月 1 日

巻末注

1 山本勲『上場企業における女性活用状況と企業業績との関係―企業パネルデータを用いた検証―』2014 年
https://www.rieti.go.jp/jp/publications/summary/14030008.html
2 林伴子、新村太郎『第 3 回「女性と経済」に関する勉強会女性活躍とマクロ経済』2022 年 9 月 15 日
https://www.kantei.go.jp/jp/content/000116413.pdf
3 政治ドットコム「国会議員出身大学ランキング【2020 年版】」
https://say-g.com/topics/909
4 京都大学男女共同参画推進センター「数字で見る女性研究者」
https://www.cwr.kyoto-u.ac.jp/about/publications/numbers/
5 東京大学国際総合力認定「Go Global Gateway エッセイ 2 上野先生の入学式祝辞」
https://www.u-tokyo.ac.jp/adm/go-gateway/ja/essay2.html
6 The New York Times "At Japan's Most Elite University, Just 1 in 5 Students Is a Woman."
https://www.nytimes.com/ja/2019/12/08/world/asia/tokyo-university-women-japan.html
7 新 R25「賛否両論を呼んだ東大入学式祝辞。実際どうだった？ 東大生 100 人に聞いてみた」2019 年 4 月 30 日
https://r25.jp/article/671659299062648363
8 Joel D, et al. 2015. "Sex beyond the genitalia: The human brain mosaic";Proceedings of the National Academy of Sciences of the United States of America 112（50）:201509654.
9 茂木輝順『大学生を対象とした出身高等学校の共学・別学体験に関する質問紙調査』2013 年
https://cir.nii.ac.jp/crid/1050001202671884416
10 働きがい研究所 byOpenwork『出身大学別年収ランキング 2022（vol.99）』2022 年 8 月 23 日
https://www.openwork.jp/hatarakigai/vol_99
11 東京都産業労働局『東京の産業と雇用就業 2018』2018 年
https://www.sangyo-rodo.metro.tokyo.lg.jp/toukei/SK2018-all.pdf
12 経済産業省「IT 人材の最新動向と将来推計に関する調査結果～ 報告書概要版～（平成 28 年 6 月 10 日）』2016 年
https://www.meti.go.jp/shingikai/economy/daiyoji_sangyo_skill/pdf/001_s02_00.pdf
13 Van Houtte, Mieke. 2005. "Global Self-Esteem in Technical/Vocational Versus General Secondary School Tracks: A Matter of Gender?" Sex Roles 53（9-10）:753-761.
14 砂口文兵『女性の昇進意欲に関するロールモデル論の理論的検討』2021 年
https://cir.nii.ac.jp/crid/1050851087320858112
15 湯川隆子、廣岡秀一『大学生におけるジェンダー特性語の認知（2）：性分類反応からみた 1970 年代と 1990 年代の比較』2003 年

江森百花（えもりももか）

2000年生まれ、静岡県出身。静岡県立静岡高校卒業後、1年の浪人生活の末、東京大学に進学。文学部人文学科社会心理学専修課程在籍。在学中、シンガポール国立大学に1年間留学。2024年、Forbes JAPAN「世界を救う希望」100人に選出。

川崎莉音（かわさきりおん）

2001年生まれ、兵庫県出身。小林聖心女子学院高校から東京大学法学部に進学。法と社会と人権ゼミ第30代学生代表幹事として様々な社会課題の現場を学ぶ。2024年、Forbes JAPAN「世界を救う希望」100人に選出。

なぜ地方女子《ちほうじょし》は東大《とうだい》を目指《めざ》さないのか

2024年8月30日初版1刷発行

著　者 ── 江森百花　川崎莉音
発行者 ── 三宅貴久
装　幀 ── アラン・チャン
印刷所 ── 萩原印刷
製本所 ── 国宝社
発行所 ── 株式会社光文社
東京都文京区音羽1-16-6(〒112-8011)
https://www.kobunsha.com/
電　話 ── 編集部03(5395)8289 書籍販売部03(5395)8116
制作部03(5395)8125
メール ── sinsyo@kobunsha.com

ISBN 978-4-334-10399-6

1312
経営の力と伴走支援
「対話と傾聴」が組織を変える
角野然生
経営者との「対話と傾聴」を通じ、自立的な企業変革への道筋をつける「伴走支援」の枠組みを、第一人者の実践を基に示す。南山大学教授・中村和彦による、組織開発の視点での解説を収録。
978-4-334-10324-8

1313
英語ヒエラルキー
グローバル人材教育を受けた学生はなぜ不安なのか
佐々木テレサ
福島青史
英語で授業をするEMIプログラム。学部卒業生に日本語や承認の不安を覚える人が出ている。聞き取りを基に内実と問題点を提示。指導教員が多言語話者成長の苦悩と対策を解説。
978-4-334-10325-5

1314
ナショナリズムと政治意識
「右」「左」の思い込みを解く
中井遼
政治的な左右と結びつけられがちなナショナリズムの概念を政治学の知見と国際比較からとらえなおし、日本人の政治意識が世界においてどれだけ普遍的もしくは特殊なものであるか検討する。
978-4-334-10323-1

1315
電車で怒られた！
「社会の縮図」としての鉄道マナー史
田中大介
「バッグが当たってんだよ！」。時に些細なことで殺伐とする電車内。なぜ人は電車でイラついてしまうのか？「車内の空気」の変遷を丹念にたどり、その先にある社会までを見通す一冊。
978-4-334-10351-4

1316
なぜBBCだけが伝えられるのか
民意、戦争、王室からジャニーズまで
小林恭子
大戦による「危機」、政権からの「圧力」、そして王室との「確執」まで——。報道と放送の自由のために、メディアは何と向き合ってきたのか？ 在英ジャーナリストと辿る「BBCの一〇〇年」。
978-4-334-10352-1

1317
「ふつうの暮らし」を美学する
家から考える「日常美学」入門
青田麻未

家の中の日常に「美」はあるか？ 椅子、掃除、料理、地元、ルーティーンを例に、若手美学者が冴えわたる感性で切り込む。「美学」の中でも新しい学問領域、「日常美学」初の入門書。

978-4-334-10353-8

1318
フランス　26の街の物語
池上英洋

フランスの魅力は豊かな個性をもつそれぞれの街にある——。美術史家が、人、芸術、歴史、世界遺産の観点から厳選した26の街を訪ね歩き、この国がもつ重層性と多面性を、新視点で綴る。

978-4-334-10354-5

1319
等身大の定年後
お金・働き方・生きがい
奥田祥子

再雇用、転職、フリーランス、NPO法人などでの社会貢献活動、そして管理職経験者のロールモデルに乏しい女性の定年後に焦点をあて、あるがままの〈等身大〉の定年後を浮き彫りにする。

978-4-334-10375-0

1320
日本の政策はなぜ機能しないのか？
EBPM《エビデンスに基づく政策》の導入と課題
杉谷和哉

データやファクトに基づき政策を作り、適切に評価する。当たり前のことのようで、これが難しい。その背景を公共政策学の知見から分析し、「政策の合理化」を機能させる条件を考える。

978-4-334-10376-7

1321
日本の古代とは何か
最新研究でわかった奈良時代と平安時代の実像
有富純也 編　磐下徹
十川陽一　小塩慶
黒須友里江
手嶋大侑

国家や地方は誰がどう支配していたのか？ 藤原氏は権力者だったのか？「唐風文化から国風文化へ」は本当？ 受領は本当に悪吏だったのか？…気鋭の研究者らが新たな国家像に迫る。

978-4-334-10377-4

1322
名画の力
宮下規久朗

名画の力とは、現場で作品に向き合ったときこそ発揮されるものなのだ――。伝統の力から現代美術、美術館まで。七つのテーマで美術の魅力をより深く味わう極上の美術史エッセイ。

978-4-334-10378-1

1323
旧統一教会 大江益夫・元広報部長懺悔録
樋田毅

この世に真実を語り残しておきたい――。その生い立ちから六〇年近く過ごした旧統一教会での日々、そして病を患ってからの心境の変化まで、元広報部長による人生をかけた懺悔。

978-4-334-10397-2

1324
定年いたしません!
「ジョブ型」時代の生き方・稼ぎ方
梅森浩一

「終身雇用」崩壊の時代、考えておくべき定年前後のライフプラン。自身が定年を迎えた人事のプロが、現実を前に、ジョブ型転職や給与、65歳からの就活について余すところなく解説!

978-4-334-10398-9

1325
なぜ地方女子は東大を目指さないのか
江森百花　川崎莉音

資格取得を重視し、自己評価が低く、浪人を避ける――。地方と女性という二つの属性がいかに進学における壁となっているのか。現役東大女子学生による緻密な調査・分析と提言。

978-4-334-10399-6

1326
しっぽ学
東島沙弥佳

ヒトはどのようにしてしっぽを失った? しっぽにどんな思いを馳せてきた? しっぽを知って、ひとを知る――。文理を越えて研究を続けるしっぽ博士が、魅惑のしっぽワールドにご案内!

978-4-334-10400-9